AF610376

LUCIEN HUBERT

Politique Africaine

Maroc — Afrique occidentale
Algérie — Tchad — L'Effort étranger

PRÉFACE

DE M. EUGENE ÉTIENNE
Vice-Président
de la Chambre des Députés

PARIS
DUJARRIC & Cie, ÉDITEURS
50, RUE DES SAINTS PÈRES, 50

1904

Politique Africaine

IL A ÉTÉ TIRÉ DE CET OUVRAGE :

10 exemplaires sur Hollande, numérotés de 1 à 10

LUCIEN HUBERT

Politique Africaine

Maroc — Afrique occidentale
Algérie — Tchad — L'Effort étranger

PRÉFACE

DE M. EUGÈNE ÉTIENNE
Vice-Président
de la Chambre des Députés

PARIS
DUJARRIC & Cie, ÉDITEURS
50, RUE DES SAINTS-PÈRES, 50

1904

PRÉFACE

Quand, à la fin du siècle dernier, le partage de l'Afrique vint couronner un demi-siècle d'efforts, cette période héroïque d'explorations et de conquêtes eut pour apothéose un mouvement de réveil, dont l'histoire de l'humanité n'offre peut-être pas l'égal.

De 1898 à 1900, il y eut comme une revue générale de tous les grands problèmes africains; le continent, assoupi dans des siècles de mystère, manifestait sa vitalité et les foules européennes, presque indifférentes jusqu'à ce jour, se passionnèrent tout à coup pour l'œuvre d'expansion, entreprise par quelques-uns.

Dans le Nord-Ouest, le Gourma et le Sokoto, Nikki, Say, ou Yola, dont hier encore on ignorait les noms, suscitaient d'ardentes controverses. Au Congo, Gentil, prolongeant le patient effort de Savorgan de Brazza, plantait notre drapeau sur les rives du Tchad.

Dans le Sud, il semblait que Cecil Rhodes eût découvert le secret de changer les déserts en champs diamantifères ; au Nord-Est, l'Angleterre achevait la conquête du Soudan égyptien, entreprise depuis vingt ans. Les vieux pays eux-mêmes, qui, depuis un demi-siècle, n'avaient plus d'histoire, participaient à ce mouvement. Après la crise antisémite, l'Algérie, complètement réorganisée, prenait un nouveau développement ; le Maroc abandonnait, avec ses traditions, la plus sûre garantie de son indépendance et la cruelle guerre du Transvaal marquait l'ardeur des compétitions.

Depuis ce partage, le silence s'est fait et non pas que l'on soit retombé dans l'apathie du passé, mais parce qu'à l'ère des aventures héroïques et des glorieux combats a succédé celle de la mise en valeur. Il a fallu suivre attentivement les côtes réputées inaccessibles, relever les points les plus aisément abordables pour y creuser des ports, donner à ces comptoirs un hinterland en déroctant les rivières ou en posant un rail, outiller enfin le pays, pour drainer les richesses qu'y prodigue la nature en attendant qu'on impose au sol des cultures nouvelles et des produits plus riches.

Cet effort, mon cher Hubert, vous le vulgarisez après en avoir été l'un des actifs artisans. Il n'est pas de grand problème économique africain de ces dernières années qui n'ait retenu votre attention, sur lequel vos travaux n'aient jeté une plus grande lumière. Dans cette commission des affaires extérieures et coloniales, qui m'est particulièrement chère, parce que le commun souci de la grandeur du pays y facilite l'accord, nous avons tous pu apprécier votre labeur et la pénétration de votre jugement. Tantôt, c'est le projet d'emprunt de l'Afrique occidentale française qui, grâce à votre rapport, put être voté par la Chambre sans discussion, tantôt, c'est votre propagande en faveur de l'autonomie coloniale, dont chaque jour s'affirment plus éloquemment les résultats, tantôt enfin, ce sont vos études sur le Maroc qui contribueront si heureusement à affirmer notre prépondérance sur cette partie du Maghreb.

Et, comme si les colonies françaises ne suffisaient pas à votre activité, vous avez porté avec un égal bonheur vos investigations sur l'œuvre de nos rivaux. Si, au cours de vos études consciencieuses et impartiales, vous n'avez pas hésité à leur rendre justice et à proclamer leur supériorité quand celle-ci était manifeste, vous avez su signaler aussi ce qui était critiquable et il vous a paru que nulle puissance n'avait accompli en Afrique une œuvre à la fois aussi difficile et aussi grande que celle de la France.

Votre ouvrage, mon cher Hubert, se recommande par toutes ces qualités. Il en est encore une cependant à laquelle je ne voudrais pas manquer de rendre hommage.

La foule est trop habituée à voir jaillir le merveilleux de cette terre d'Afrique pour se plaire à la sobriété des rapports et se contenter de l'aridité des chiffres. Il fallait, pour dire l'attirance du continent noir, ses espérances et ses passions, votre langue imagée, vibrante, éloquente, et, pour frapper l'imagination et se graver dans la mémoire, votre documentation sûre et complète devait se revêtir d'aussi brillants atours.

Voilà, mon cher Hubert, les quelques paroles de sympathie que je voulais vous adresser. La tâche du parti colonial est plus ardue que jamais; il a eu la responsabilité des sacrifices faits par le pays pour conquérir son domaine d'outre-mer; il a le devoir maintenant de justifier la confiance placée en lui. Certes, déjà les premiers résultats ont dépassé les plus audacieux espoirs, mais encore faut-il que des parlementaires comme vous, aient, avec le légitime souci des intérêts de leur arrondissement, celui des intérêts de la plus grande France, et mettent au service de la cause coloniale le concours de leur intelligente activité.

Ceux qui ont consacré une carrière longue déjà à cette œuvre coloniale, gloire immortelle de la troisième République, applaudissent au concours que leur apportent des jeunes qui ont acquis, au prix de laborieux efforts, une compétence à laquelle, en ce qui vous concerne, le Parlement a rendu à plusieurs reprises déjà un hommage flatteur. La cause coloniale attend dans l'avenir d'autres travaux et d'autres efforts de votre activité. J'ai le ferme espoir, moi qui vous ai vu et vous vois à l'œuvre, — que vous saurez vous rendre de plus en plus utile à votre parti et à votre patrie et que le brillant représentant des Ardennes saura prendre la place qu'il mérite au parlement.

EUGÈNE ETIENNE.

AVANT-PROPOS

Les pages qui suivent ne constituent pas une étude d'ensemble.

Appelé par la confiance de mes collègues du Parlement à approfondir certaines grosses questions africaines, je me suis passionné rapidement pour cet admirable pays qui, à peine échappé aux ténèbres de la barbarie, s'entr'ouvre, dans un essor sans pareil, à l'énergie d'Europe.

Les études qui composent ce volume sont donc pour la plupart le fruit d'un travail parlementaire, quelques-unes ont paru sous forme d'articles dans les colonnes du Figaro ou de la Revue politique et parlementaire. Toutes s'inspirent d'un double souci, économique et philosophique, et témoignent d'une foi robuste en *l'avenir de jeunes colonies qui, d'un élan inconnu jusqu'à ce jour, marchent vers une superbe prospérité économique.*

Au moment précis où se joue, gros d'inquiétudes et de périls, le problème jaune, il m'a semblé utile d'opposer aux craintes venues d'Asie l'espoir surgi d'Afrique et si longtemps captif du mystère et de l'ignorance.

Le lecteur, en même temps qu'un exposé de l'œuvre entreprise par la troisième république trouvera, en ce qui concerne les résultats obtenus par les puissances rivales en Afrique, quelques comparaisons par lesquelles se pourra affermir à bon droit sa fierté nationale.

Et si j'ai pu lui communiquer tout ou partie de la foi qui m'anime, mon effort n'aura pas été vain.

Je le souhaite ardemment pour mon pays.

Mars 1904.

L. H.

POLITIQUE AFRICAINE

LA QUESTION MAROCAINE

A tous les grands carrefours du monde surgissent des métropoles. Utiles et accueillantes, elles offrent au commerce les réserves de leurs entrepôts, aux navigateurs le confort et les délassements de l'escale.

Ainsi sur le littoral calciné de la mer Rouge, Port-Saïd et Suez, Aden et Djibouti ont prélevé leur bénéfice sur ceux-là, riches de l'espoir qui les emmène au loin comme sur ceux-ci dont la joie du retour excite la fastueuse générosité.

Ainsi Singapore offre à l'Européen émerveillé les splendeurs d'une autre civilisation et domain, rue gigantesque à travers l'isthme, Colon et Panama s'uniront le long du futur canal.

Mais d'où vient que seul semble maudit Gibraltar, Gibraltar où le trafic est plus développé qu'en aucun autre de ces lieux, par où l'Europe commerce avec l'Asie et une moitié de l'Afrique, par où, depuis des siècles, s'exportent les produits des industrieux latins.

Frémissants, les marins se content les mystérieuses disparitions des navires attirés par de puissants tourbillons et si, sur les rives du détroit, les hommes marquèrent leur œuvre, ce fut par tout ce que la civilisation comporte d'horreur, au nord les canons d'une forteresse, au sud, les cachots d'un bagne. L'Islam a jeté là son puissant sortilège. Du Maroc, qui constitue sur cette Méditerranée, où jadis il régna en maître, sa suprême citadelle, rayonne sur tout le détroit la sensuelle inertie du fatalisme musulman et l'habile duplicité de l'Orient. Tant par sa situation privilégiée que par la douceur de son climat, Gibraltar semblait destiné à devenir un des points les plus peuplés du monde. Il n'en a rien été. C'était là, semblait-il, que devait s'amorcer le vivifiant courant de civilisation européenne, qui éveillerait l'Afrique au progrès. A Gibraltar, en effet, les deux continents étaient les plus proches. Ils constituaient la voie historique par laquelle Annibal avait conduit ses superbes mercenaires, celle par où les Arabes avaient apporté aux plaines ibériques une prospérité que depuis elles n'ont plus connue et l'on pouvait se demander si l'Europe n'allait pas à son tour franchir le détroit pour s'acquitter de sa mission sacrée envers l'Afrique déshéritée.

Et pourtant, bien que le Maroc soit à quelques heures seulement de la côte espagnole, et à deux jours à peine de nos ports méditerranéens, il est demeuré, pour nous, enveloppé des plus épais mystères. Il nous est plus inconnu que le Centre africain où les nouvelles ne parviennent qu'après plusieurs mois. Si l'on excepte les modestes explorateurs de la côte occidentale et Caillé, Rohlfs ou Lenz pour lesquels l'empire chérifien n'était que le port du Sahara, deux voyageurs seulement ont parcouru, et au prix de quelles souffrances, ce pays. Ils sont tous deux Français, le premier est le vicomte de Foucauld, le second, le marquis de Segonzac.

D'une manière générale, le Maroc participe de ce caractère massif qui est propre à toute l'Afrique.

C'est à peine si, au nord, la Méditerranée a capricieusement sculpté, dans les rochers de la côte, de petites baies ouvertes à tous les vents. A l'Ouest le flot toujours égal de l'Océan a poli le littoral en courbes d'une régularité presque géométrique.

Le système orographique repose sur un soubassement de plateaux, dont les pentes s'élèvent graduellement de l'Ouest à l'Est, à mesure qu'on s'éloigne de la mer. Au Sud, ce plateau est barré par la puissante arête de l'Atlas, dont les sommets culminants dépassent 4.000 mètres. Sur cette chaîne viennent se greffer, en un tumultueux désordre, les massifs d'où jailliront les deux lignes de monts parallèles, qui, après avoir traversé toute l'Algérie, viendront, comme épuisés par cette course de plus de 300 lieues, mourir en Tunisie dans la même confusion qui les vit naître.

Le Maroc est de beaucoup la partie du Maghreb la mieux arrosée. Il est en façade sur deux mers d'où s'élèvent des vapeurs fécondantes ; ses grands monts facilitent la condensation et, dans les plateaux régulièrement inclinés de l'Ouest, les rivières se creusent des lits moins accidentés que dans l'Algérie voisine. Il ne paraît pas douteux que le pays soit riche ; s'il faut accueillir avec réserve les dires qui attribuent au Maroc tous les minerais, depuis la houille jusqu'à l'or, il est certain, par contre, que c'est une des contrées les plus fertiles au point de vue agricole. Les explorateurs des plateaux de l'Ouest ont sondé les épaisses couches de terre noire qui, accumulées depuis des siècles, promettent des rendements inconnus jusqu'à ce jour. Les terres rouges que connaissent bien les colons algériens, sont abondantes aussi et tout ce sol vierge, qu'une broussaille vivace engraisse de sa propre mort, n'attend pour livrer ses richesses que l'homme qui le voudra féconder.

Il serait téméraire de se prononcer sur le chiffre de la population au Maroc. Les évaluations varient de 4 à 10 millions d'habitants, fort inégalement répartis. Le noyau est formé par les Berbères de l'Atlas, rudes montagnards, fort probablement les autochtones de tout le Maghreb. L'inclémence du climat, la misère à laquelle les condamnaient leurs pauvres terres à peine suffisantes pour nourrir une population très dense les ont obligés au labeur et gardés de l'énervant fatalisme de l'Islam. Ils vivent en communautés fortement organisées et la pratique des institutions républicaines leur a donné la dignité de citoyen et l'amour de la liberté. Ils ont toujours vaillamment défendu leurs maigres broussailles contre la cupidité des sultans.

Les plus faibles de ces Berbères, ceux qu'effrayait l'âpre vie des montagnes, sont allés chercher des terres plus fertiles sur les plateaux de l'Ouest. Ils les ont trouvées en même temps que les tyrans dont ils supportent le joug odieux. Au Sud-Est du Maroc vivent enfin, dans une indépendance voisine de l'anarchie, des tribus qu'en ces dernières années nous n'avons eu que trop d'occasions de connaître. Tout un monde de nomades pillards par vocation autant que par nécessité, toujours prêts à quitter leurs steppeux parcours pour tenter les incursions qui, en même temps que le bien-être, leur donneront l'occasion de faire parler la poudre.

Au point de vue politique enfin, le pays a un gouvernement parasite comme la plupart des gouvernements musulmans. Le seul souci du Maghzen est de s'enrichir aux dépens de ses sujets. Il ne connaît d'autre service public que celui de la perception des impôts. Administrativement, la division du pays est aussi simple que possible ; c'est, d'un côté, le Bled-el-Maghzen, le pays où l'on paie ; de l'autre le Bled-es-Siba, le pays où l'on ne paie pas. Le Bled-es-Siba, qui comprend tout l'empire à l'Est de la ligne, Tetonan, Marrakesch, Mogador, soit plus des 2/3 du Maroc, ne reçoit ni fonctionnaires, ni soldats du Maghzen. Quelquefois une mahalla du sultan y vient faire une razzia ; on la repousse quand on est en force, sinon on paie tribut. Le fil ténu qui rattache ces populations au sultan est un fragile lien de vassalité, plus religieux encore que politique ; les peaux ou le miel qu'elles envoient à Fez sont un simple hommage de croyants.

Il en est autrement dans le Bled-el-Maghzen. Cette partie de l'empire est divisée en grandes circonscriptions, où un caïd cumule tous les pouvoirs. Non seulement ces caïds ne sont pas payés, mais encore, pour obtenir leurs charges, ont-ils dû corrompre toute la cour. De plus, essentiellement révocables, ils ont hâte de s'enrichir. C'est l'éternel système d'abus et de concussions qui fleurit dans tous les pays orientaux, toutes les sociétés primitives, pourrait-on dire, car l'Europe aussi a connu l'époque où des provinces entières étaient données en apanage à quelques féodaux...

*
* *

Le problème du Maroc est aujourd'hui soumis au Parlement et au pays.

Nul n'est plus redoutable, car en même temps qu'il met en jeu les intérêts internationaux les plus considérables, il exige pour sa résolution cette formule de politique indigène musulmane, que ni l'Algérie ni la Tunisie ne nous ont livrée.

Nul ne se présente avec plus d'inconnus, car les rares certitudes que nous avons sur le Maroc, suffisent à peine à échafauder nos hypothèses.

Nul, enfin, ne nous est proposé de façon plus brusque et inopinée, car seuls quelques éminents esprits se sont toujours préoccupés de cette irritante question et ni nos diplomates, ni nos explorateurs, ni nos publicistes, n'ont accordé au Maroc cette attention éclairée et soutenue qui leur a permis de populariser chez nous les grands problèmes du centre Africain et de l'Extrême-Orient. Il fallut l'embuscade dont M. Jonnart faillit être la victime pour soulever l'indignation de la France et l'écho du canon de Figuig, pour qu'elle se souvint que, depuis trois ans, sur l'incertaine frontière marocaine, des héros inconnus vivaient pour elle une sublime épopée.

I

On ne tarda pas à se convaincre, au lendemain du bombardement de Figuig, que cette démonstration militaire n'avait aucunement atteint son but.

Les dispositions malveillantes des tribus étaient demeurées les mêmes à notre égard. Comme par le passé, elles attaquaient nos postes, enlevaient nos convois et assassinaient nos isolés.

On avait tant vanté l'effet moral de nos canons qu'il y eut quelque déception à en rabattre.

Pourtant, si le résultat escompté vers la frontière du Maroc ne fut pas conforme à notre espoir, par un phénomène connu depuis longtemps et dont nous fûmes quelquefois les victimes, c'est en France même qu'il apparut le plus clairement.

Le péril inquiétant de nos intérêts économiques, l'influence grandissante des puissances rivales, n'avaient point suffi en effet à alarmer l'opinion publique pour laquelle les questions ne deviennent vraiment nationales que soulignées du cliquetis des armes.

Le bombardement de Figuig revêtit à ses yeux un peu de cette noblesse militaire qui la captive tant. Elle n'eut, d'ailleurs, pas le temps de constater l'inefficacité et l'allure vaudevillesque de la canonnade, car les affaires de Taghit et d'El-Moungar vinrent hélas ! bien vite donner de la grandeur à notre action.

Aujourd'hui, la question du Maroc domine tous les esprits, et un parti, certes peu suspect de rêver pour la France une politique d'impérialisme, s'est associé par la voix de son plus éloquent orateur à notre œuvre d'expansion.

Le parti colonial ne peut qu'applaudir à cet éveil. Il doit se féliciter d'un tel concours. Mais en raison même de l'élan généreux commun à tous les partis, il doit en modérer la passion et se garder d'une précipitation nuisible.

Il faut avant d'exposer des systèmes ou de préconiser des solutions jeter un coup d'œil sur le passé. A ce prix, les erreurs d'hier ne se renouvelleront pas demain, et le programme à adopter apparaîtra plus net, précisé, éclairé par l'enseignement de l'histoire.

*
* *

La question du Maroc, et par là j'entends aussi bien la condition du pays au point de vue international que le règlement des devoirs du souverain envers les habitants, est aujourd'hui ouverte.

Nul ne pourra reprocher à la France d'avoir hâté ce moment.

Et point n'est besoin pour affirmer cette vérité de rappeler les déclarations de M. Delcassé touchant notre sincère désir de respecter le *statu quo* marocain.

Les faits ont une éloquence encore plus précise.

En 1844, le Maroc donne un asile et une armée à notre ennemi l'émir Abd-del-Kader. Bugeaud détruit l'armée marocaine à l'Isly; Joinville bombarde Tanger et Mogador. Le Maroc implore la paix qui lui est accordée.

La France n'exige aucune indemnité de guerre, elle n'impose au vaincu aucune servitude, et s'il est vrai qu'une rectification fût apportée à la frontière, elle se fit au détriment du vainqueur. L'Algérie, en effet, abandonnait la frontière historique de la Moulouïa pour prendre celle du Kiss.

En 1881, éclate l'insurrection du Sud oranais; le marabout Bou-Amama y prend une part active. L'insurrection rapidement étouffée, Bou-Amama s'enfuit au Maroc.

Sûr de l'impunité, il excite contre nous les populations fanatiques. Nous ne faisons à Fez aucune remontrance.

Et quand, plus tard, les turbulentes tribus de la frontière provoquent d'éternels incidents, qu'Oudjda insurgée menace de troubler la paix chez nos propres sujets, nous nous contentons simplement d'augmenter nos forces en Oranie.

Je vais plus loin. Non seulement la France marquait ainsi, avec une exagération presque ridicule, sa volonté d'éviter toute immixtion dans les affaires de l'empire chérifien, mais encore pour éviter au Maroc le moindre froissement, elle allait jusqu'à renoncer à son programme, on pourrait dire son devoir de police saharienne.

Au sud de l'Algérie s'étendaient deux oasis : le Gourara et le Tidikelt. Nul n'avait jamais contesté que ces oasis fussent dans la zone d'influence française, une convention avec l'Angleterre avait affirmé nos droits à la face du monde.

C'était là que se pratiquait, en même temps que la traite, le ravitaillement des Touareg (Chambaas dissidents, Issakamarem, Hoggar's) qui pillaient nos caravanes et assassinaient nos missions (Flatters, Douls).

Le Maghzen, c'est-à-dire le Sultan, n'avait en ces lieux aucun représentant, il n'y tenait point garnison, rien n'y affirmait sa souveraineté, si ce n'est son titre de descendant du prophète qui lui conférait une grande influence religieuse.

Respectueusement, la France s'inclina et n'occupa ni le Gourara ni le Tidikelt. Bien mieux, et par une complaisance extrême, notre défense se concentra à El-Goléa, d'où elle aurait dû, au contraire, rayonner, et si Fort-Mac-Mahon s'avança sur le chemin du Gourara et Fort-Miribel sur la route du Tidikelt, ce fut uniquement pour nous prévenir des embûches de nos sujets, et non pas pour recevoir leur soumission.

En vérité, il n'est pas dans l'histoire de la colonisation moderne un exemple d'une politique plus correcte et plus loyale, plus désintéressée et plus bienveillante que celle suivie par la France envers cet empire branlant dont la richesse excitait toutes les cupidités et où l'anarchie justifiait toutes les interventions.

*
* *

Ainsi donc, la France poussait le respect du *statu quo* jusqu'à renoncer à exercer ses droits au Touat, bien que le Maroc n'y en eût aucun. Tant de désintéressement devenait coupable. Aussi, en 1899, un brusque réveil vint mettre fin à cette trop longue léthargie.

L'heure était propice. Tout l'effort de notre diplomatie s'était jusque-là porté sur Constantinople. Les massacres d'Arménie, les événements de Crète, la guerre gréco-turque justifiaient une telle sollicitude ; et il était naturel que le quai d'Orsay, respectueux des traditions, dirigé par un ministre de carrière, donnât toute son attention au grand problème classique.

Bientôt cependant la Russie facilita la tâche de la diplomatie française en s'associant à sa politique. Dégagée à Constantinople, la France put ailleurs témoigner de son activité. A l'autre extrémité de la Méditerranée, le Maroc sollicitait notre attention et nous eûmes dès lors à

Tanger des ministres rompus à la diplomatie musulmane : M. Revoil d'abord, puis M. Saint-René-Taillandier :

A la même époque, l'Angleterre, dont l'hostilité nous avait déjà été si funeste en Afrique, qui nous avait éconduits à Alexandrie, évincés à Zanzibar, expulsés à Yola, menacés à Fachoda et que nous retrouvions au Maroc, servie par des agents zélés, subissait au Transvaal d'humiliantes défaites.

Jamais peut-être la France n'avait rencontré dans son œuvre d'expansion situation internationale plus nette et plus favorable. Il dépendit d'elle de faire du Maroc une nouvelle Mandchourie. Elle ne le fit point et n'usa que de son droit.

Elle se contenta d'exécuter son programme saharien.

Après avoir rétabli l'ordre dans la colonie, toute frémissante encore des colères politiques, complété l'autonomie administrative conçue par Jules Ferry et préparé l'autonomie financière, l'éminent gouverneur Laferrière pensa donner à l'Algérie ses frontières naturelles vers le sud, en les reculant jusqu'à l'inconnu.

Il encouragea les raids audacieux du capitaine Pein et du commandant Godron, appuya la mission Foureau-Lamy, et lorsqu'en février 1900 il vint inaugurer le chemin de fer d'Aïn-Sefra à Djenien-Bou-Rezg dont le prompt achèvement était dû à M. Etienne, il put, dans un discours demeuré célèbre, définir avec force notre mission dans le Sahara algérien. Il dit notre résolution d'user de nos droits à l'avenir avec la netteté de vue et l'esprit de décision nécessaires à cette œuvre à laquelle il donna comme bases la modération et le respect de la foi et des coutumes islamiques. Et rappelant avec quelle nuance d'ironie le représentant d'une grande puissance avait mis en doute la valeur des droits que la diplomatie nous avait concédés, il s'écria : « Eh bien! messieurs, nous le gratterons ce sable, nous y poserons des rails, nous y planterons le télégraphe, nous y ferons jaillir les nappes artésiennes et nous écouterons le coq gaulois nous chanter du haut des casbahs des oasis sa plus sonore et sa plus joyeuse fanfare. »

Peut-être le tableau était-il un peu poussé à l'optimisme, ce n'est point ici le lieu d'en discuter. Constatons simplement qu'en 1899 In-Salah avait été occupé par la mission Flamand-Pein, qu'en janvier 1900 le Tidikelt entier faisait sa soumission, qu'en avril de la même année le drapeau français flottait sur Igli, et en juin de la même année à Timmimoun. Le Gourara était à nous.

*
* *

Lorsqu'en 1900 la France annexa le Touat, nul n'eût pu prévoir qu'elle ouvrait de ce fait la question marocaine. L'occupation des oasis était, croyait-on, une simple opération de pénétration algérienne, de pénétration économique même, car, à cette époque, le Sahara était encore fertile de tout son inconnu. On s'exagérait volontiers les forces des Touareg, bien que Foureau, qui les pouvait connaître, affirmât que ces pillards réuniraient à grand'peine un millier de fusils, et on demeurait les yeux fixés vers le Sud, captivés par le mystère du grand désert.

Ce fut de l'Ouest que vint l'attaque. Timmimoun, occupée en juin 1900, subit en août les furieux assauts des Doui-Menia, tribu marocaine. La frontière algéro-marocaine s'embrasa en un vaste mouvement d'insurrection.

Tous ces nomades ou semi-nomades, paresseux et belliqueux, affamés et fanatiques, voyaient dans leur incursion au Touat un sûr moyen de gagner le paradis par les combats ou la fortune par le pillage.

Figuig, admirablement située sur notre ligne de ravitaillement Duveyrier-Igli, excitée d'ailleurs par le fanatique Bou-Amama, devint le centre d'opérations des pillards. Deux politiques s'offraient à nous : la plus nette, la plus diplomatique était de traiter le Maroc comme un Etat civilisé, de faire à la Cour de Fez d'amicales représentations d'abord, puis de sévères remontrances, enfin d'user, s'il le fallait, de démonstrations militaires, du blocus ou même de la guerre.

Malheureusement, les tribus coupables étaient indépendantes en fait ; le Sultan n'avait guère plus d'autorité sur elles que nous-mêmes.

La seconde politique, moins précise mais aussi plus énergique, était de poursuivre les tribus pillardes jusqu'en territoire marocain. Le traité de 1845 nous en donnait le droit, mais qui pouvait prédire, une fois la frontière marocaine violée, jusqu'où s'étendrait l'occupation.

Après avoir occupé le Tafilet et le Bechar pour couvrir Timmimoun et Taghit, il eût fallu s'établir sur la Moulouia pour couvrir le Bechar et franchir enfin les cols de l'Atlas pour en imposer aux Berbères, Beni M'Guil et Beni M'tir qui, au témoignage de M. de Ségonzac, n'hésitaient pas à franchir des centaines de kilomètres pour venir tirer un « roumi ». Cette marche au Nord-Ouest nous eût conduits aux portes de Fez et nous eût brusquement mis en présence de la question marocaine, sans que jamais nous l'eussions envisagée dans son ensemble et éclaircie par des conversations avec les puissances.

La première politique était celle du Quai d'Orsay ; la seconde, celle de l'Algérie. On suivit la première, mais avec une regrettable timidité : on se borna à deux démonstrations navales, dont l'une avec le concours de la Russie. Le Sultan fut invité à désigner des commissaires pour délimiter les frontières ; deux protocoles lui assurèrent notre collaboration sur ces frontières où il ne pouvait se faire obéir. En même temps qu'une mission chargée de réorganiser les troupes du Maghzen, le gouvernement envoyait des officiers français chargés de convoyer des soldats marocains par Oran, jusqu'à Oudjda et Figuig.

Les attaques, les surprises, les vols, les assassinats reprirent de plus belle, malgré toutes ces précautions. Nous continuâmes à dépenser des millions pour assurer le ravitaillement par Taghit et Igli.

Ce fut alors que Figuig où résidait un fonctionnaire du Maghzen, appuyé de soldats marocains devint l'embuscade inattendue où faillit rester le gouverneur général.

Cette fois, l'impuissance des autorités marocaines était démontrée jusqu'à l'évidence.

On bombarda Figuig.

II

L'audace des gens de Figuig, dont la turbulence meurtrière ne s'embarrassait même pas de la présence des troupes marocaines, prouvait éloquemment l'impuissance du Sultan. L'insuccès de notre démonstration d'artillerie indiquait clairement la nécessité d'abandonner l'attitude purement défensive observée jusqu'à ce jour envers les tribus de la frontière.

En même temps, d'autres considérations nous poussaient à modifier notre politique marocaine. En effet, dans l'empire chérifien, les événements se précipitaient; on pouvait craindre que l'anarchie croissante ne finît par nous délivrer elle-même du souci de respecter le *statu quo* marocain, en détruisant ce qui restait d'autorité dans le pays.

Dans les Etats orientaux où le gouvernement n'a d'autre raison d'être que de vivre grassement aux dépens de l'habitant, où il n'existe d'autre service public que celui de la perception et où les collecteurs d'impôts s'entendent à merveille à faire « suer le burnous », il est naturel que les tribus tiennent à conserver une indépendance qui ne les prive d'aucun avantage et leur épargne, en revanche, le faix des impôts.

L'état d'insurrection y est normal, mais en 1902 un soulèvement plus général encore embrasa tout le Nord-Est du Maroc. Un nouveau rogui, populaire sous le sobriquet de Bou-Hamara (l'Homme à l'Anesse), réunit les mécontents du Riff et de l'Atlas dans l'inexpugnable citadelle de Taza. Voilà un an que ce prétendant tient la campagne. S'il a été battu par le Maghzen, il lui a infligé de non moins cruelles défaites. Le Sultan est aux abois ; les deux tiers de son empire (le Bled-es-Siba) sont en fait indépendants. Menacé à Fez par les bandes insurgées, sans un sou dans son trésor vide, il a emprunté aux juifs de sa capitale quelques centaines de mille francs, il a fait appel à l'Europe où il n'a trouvé aucun crédit.

Une pareille crise semble bien plus inquiétante encore lorsqu'on en analyse la cause.

C'est en effet la politique libérale, je dirai européenne, du jeune souverain qui a provoqué la révolte de Bou-Hamara. Dès qu'il fut soustrait à la prudente tutelle du conservateur Ba-Ahmed, Mouley Abd-el-Aziz avait marqué sa sympathie pour la civilisation européenne. Il n'avait même eu aucune hésitation à violer le sanctuaire de Mouley-Idriss pour y saisir un fanatique à peine coupable du meurtre d'un roumi.

Peut-être l'empire eût-il pu subsister encore dans son isolement, tels ces édifices vermoulus qui tiennent tant qu'on n'y touche pas. Mais précisément on y avait touché, et dès qu'il se fut entr'ouvert à la civilisation ses institutions s'effondrèrent toutes.

Ce fut sur ces ruines que nous vîmes d'abord grandir l'influence anglaise.

El-Menebhi, favori du Sultan et ministre de la guerre, avait fait en 1901 un voyage à Londres. Il s'était départi de cette prudente réserve que mieux qu'aucuns autres savent garder les diplomates orientaux, et n'avait pas hésité, de retour à Fez, à encourager le Sultan dans ses projets de réforme. Les Nicholson, les Harris, les Mac Lean étaient rapidement devenus les familiers de la Cour, et l'Angleterre, à peine sortie de l'aventure du Transvaal, allait initier le jeune souverain à la civilisation.

La France ne pouvait se désintéresser de ce nouvel état de choses. La question du Maroc, qui jusqu'en juin 1903 n'avait été qu'une question de frontière, se posait dans toute son ampleur devant l'opinion française.

Le pays fut unanime à réclamer une intervention. A bon droit il estima que sa longue patience méritait une compensation, et qu'après avoir donné des preuves nombreuses de notre esprit de conciliation nous ne pouvions laisser nos rivaux recueillir les fruits d'une politique dont nous avions connu tous les déboires.

C'est M. Jaurès lui-même qui, avec la force et la forme admirables de sa puissante éloquence, tint à traduire le sentiment de tous. Déjà il avait écrit :

« Qu'il n'y ait pas d'équivoque! Je sais que par la force des choses l'Europe se répand sur l'Afrique et que la France a le droit de participer à ce mouvement. Je sais que, naturellement, nécessairement, elle est appelée à pénétrer le Maroc de son influence économique et morale. Je n'ai pas oublié quel poids de responsabilité a pesé sur les partis et les hommes qui n'ont eu à propos du Tonkin, de Madagascar, de la Tunisie qu'une politique négative, qu'ils ne peuvent soutenir aujourd'hui ».

*
* *

Sur un tel principe, l'accord fut rapide et unanime. On le retrouvera plus difficilement lorsqu'il sera question du mode d'intervention, surtout depuis qu'on a semblé opposer l'une à l'autre deux politiques qui n'ont rien d'inconciliable, — celle que préconise M. Jaurès et celle dont mon éminent ami Etienne s'est fait le défenseur.

M. Jaurès a résumé ses idées dans le projet de résolution suivant, sur lequel la Chambre, après la Commission des affaires extérieures, aura à se prononcer :

« La Chambre invite le gouvernement à inscrire dans le prochain budget des crédits, au budget des affaires étrangères et des crédits de subvention au budget algérien, pour développer pacifiquement, chez les tribus musulmanes qui avoisinent l'Algérie, d'accord avec ces tribus et avec les autorités dont elles relèvent, des œuvres de civilisation : caisses de réserve contre la famine, distributions de grains, écoles, infirmeries, soins médicaux, marchés, voies de communication. »

Que voilà bien l'œuvre de pacification idéale, et comme au premier abord elle nous captive par son apparente simplicité et son esprit humanitaire !

Mais, excellent en théorie, le programme de M. Jaurès rencontre dans l'application des obstacles dont il serait imprudent de ne pas tenir compte.

Il faudrait, dit M. Jaurès, pacifier les tribus ; le paysan qui a un lopin de terre au soleil, qu'il soit Français ou Berbère, ne court pas les révoltes. Donnons à ces insurgés les moyens de vivre en travaillant et le travail les amendera !

Sans doute, à plus ou moins longue échéance, tout cela peut comporter une grande part de vérité ; mais qui oubliera que la majeure partie de ces nomades ne connaît depuis des siècles d'autre industrie que le banditisme?

Certes, leur milieu, leur nature, leur religion les y poussaient, mais les terres de Tafilet ou du Bechar, et généralement toutes celles situées au sud-est de la Moulouïa, sont si pauvres que leurs habitants ne peuvent guère vivre que sur les territoires de leurs voisins.

Il faudrait pour ces tribus procéder à de vastes recasements, semblables à ceux que l'on a faits dans la province d'Oran en faveur d'indigènes dépossédés. Ces recasements pourraient difficilement s'effectuer sur les rives de la Moulouïa où les espaces libres sont mesurés, et où d'ailleurs les tribus seraient trop proches de l'ancien théâtre de leurs exploits pour ne pas être tentées de les renouveler. Ce n'est pas en quelques années que l'on peut transformer des nomades belliqueux en paisibles agriculteurs, et aujourd'hui encore, après plus de soixante-dix ans d'occupation, on trouve en Algérie des tribus de bandits.

Pour ma part, je crains fort que bien avant la réalisation du beau rêve social il y ait belle lurette que nos rivaux, plus enclins à l'admiration du commerce ou de la stratégie qu'à l'amour des spéculations philosophiques, soient depuis longtemps installés dans la partie riche d'un pays que nous leur aurions abandonné pour nous consacrer à d'admirables travaux d'humanité.

L'Angleterre a pu laisser parfois entendre avec dédain à l'Espagne que la captivité de l'auteur de *Don Quichotte* chez les Barbaresques ne constituait pas un droit d'intervention solide. Je ne crois pas qu'elle attacherait une importance plus grande aux efforts, si louables fussent-ils, des don Quichotte de demain.

Au surplus, il est nécessaire de faire observer toute l'incertitude, et par suite les dangereuses surprises que peut nous ménager une pareille politique.

Certes, au début, nous limiterions notre action aux tribus établies à l'est de la Moulouïa, mais que faire si les harkas de la rive occidentale venaient inquiéter nos protégés, ou spontanément réclamer notre appui ?

Faudra-t-il alors, après avoir reporté notre frontière du Kiss à la Moulouïa, continuer à l'avancer constamment au Nord-Ouest ?

Il est certain pour tous ceux qui connaissent l'âme musulmane que la guerre sainte sera prêchée contre nous tant qu'un chérif aussi vénéré que l'héritier des Idriss pourra exciter les fanatiques et tant qu'il y aura au Maroc une seule tribu indépendante.

C'est à Fez seulement que nous obtiendrons la sécurité, ce n'est que de la capitale que nous pourrons utilement rayonner sur le pays, si toutefois nous ne nous exposons pas en arrivant à trouver la place occupée par nos rivaux.

Car c'est là la considération décisive. Exagérément préoccupés par notre politique dans l'Est marocain, nous nous désintéresserions forcément de l'Ouest. Nous sommes déjà, d'ailleurs, trop absorbés par l'Est, trop hantés par le souci de cette frontière mal définie dont d'irritants incidents viennent constamment nous rappeler la fragilité, et derrière laquelle se développe la partie la plus mystérieuse de l'empire chérifien.

Le Kiss est devenu notre Rubicon, et c'est là une erreur dangereuse.

En effet, par son orographie et son hydrographie le Maroc est bien plus orienté vers l'Atlantique que vers la Méditerranée. C'est sur le versant atlantique que sont les terres les plus fertiles, les populations les plus dociles : c'est par là seulement que la pénétration du Maroc est vraiment aisée.

Or, précisément c'est dans cet Ouest marocain que notre prépondérance est le plus menacée. Déjà nous avons dit la situation considérable qu'occupaient à Fez les conseillers anglais. Il faut tenir compte aussi de l'activité allemande.

En 1880 l'Allemagne n'avait pas d'intérêts

au Maroc et on ne comptait guère que 16 Allemands dans tout l'empire chérifien.

Depuis 1890 deux lignes de navigation subventionnées par l'Empire desservent régulièrement les ports de la côte marocaine, et dès 1898 la part de l'Allemagne dans le commerce général du pays est de 14 p. 100. A Mogador, la proportion est de 27 p. 100; elle atteint 40 p. 100 à Saffi. Les 16 Allemands de 1890 ont vu grossir leur nombre : ils sont 193 en 1898. A cette date, on compte 11 maisons de commerce allemandes à Tanger, 2 à Rabat, 8 à Casablanca, 8 à Mazagran, 5 à Saffi, 4 à Mogador. A Casablanca et à Mogador, il y a des médecins allemands, des consuls allemands dans tous les ports et le long de toute la côte, des stations météorologiques entretenues par l'Allemagne.

Et qu'on ne s'imagine pas que l'Empire n'a au Maroc que des ambitions économiques.

Il n'invoque celles-ci que parce qu'il n'ose encore avouer les autres ; mais le parti colonial allemand poursuit un plus vaste programme.

Dans son récent ouvrage sur le Maroc, le docteur Th. Fischer, président d'une association pour le développement des intérêts économiques allemands au Maroc, se prononce sur ce point avec une grande netteté. D'après son projet de partage, l'Angleterre garderait le Maroc méditerranéen en nous abandonnant le Riff, l'Allemagne prendrait le versant atlantique et nous laisserait l'Atlas marocain. En d'autres termes, l'Angleterre aurait le Maroc stratégique, l'Allemagne le Maroc économique et la France le Maroc pittoresque.

Certes, il y a quelque impudence à nous proposer de pareils marchés, mais n'est-il pas significatif qu'on ose le faire?

Le temps que nous consacrerions à la tâche noble et généreuse de civiliser les tribus de l'Est marocain serait utilement employé par nos actifs rivaux à accroître leur influence. Une fois de plus nous verrions d'autres moissonner ce que nous avons semé.

Et c'est pourquoi nous devons estimer qu'en nous désintéressant de l'Ouest marocain nous adopterions précisément cette politique d'abandon si éloquemment stigmatisée par M. Jaurès. L'excès de générosité deviendrait la source du principal danger.

*
* *

Le 16 juin dernier, M. Etienne prononçait au banquet de l'Union coloniale un éloquent discours pour nous conjurer d'assumer la responsabilité d'être la puissance tutrice indispensable au Maroc.

Après avoir défini nos intérêts, M. Etienne poursuivait en ces termes :

« Ces faits étant bien établis, il m'apparaît que la France peut, sans inquiéter l'Europe, déclarer que le moment est arrivé où elle désire, où elle entend, non pas avoir à l'égard du Maroc des pensées d'annexion, bien que les troubles de ce pays soient un objet d'inquiétudes perpétuelles pour ses propres intérêts et pour sa propre sécurité, mais y avoir une situation tout à fait de premier ordre, prépondérante entre toutes. J'estime que la France peut et doit hautement affirmer la situation privilégiée qui lui est faite, aussi bien par son contact direct et immédiat avec l'empire chérifien que par ses propres intérêts dans le présent et dans l'avenir. Cette situation est la conséquence des immenses efforts que, depuis plus de soixante-dix ans, nous avons fait dans le nord de l'Afrique et, d'autre part, de ce fait que la frontière marocaine est contiguë à la nôtre sur une étendue considérable. »

Nous aurons ultérieurement à préciser cette formule, à rechercher quels devoirs nous assumons envers l'Europe, quel programme nous devrons suivre au Maroc.

Mais dès maintenant il importe de remarquer que cette politique n'est nullement contraire à celle que préconise M. Jaurès.

M. Jaurès nous demande d'apporter aux populations frontières les bienfaits de la paix.

Qui contredira à cette louable ambition ?

M. Etienne voudrait voir notre mission civilisatrice s'étendre à tout le pays. La formule est évidemment plus large, et malgré cela, ou peut-être bien à cause de cela, plus simple.

Il n'y eut donc rien d'étonnant à voir, le 23 novembre dernier, M. Etienne appuyer à la tribune de la Chambre le projet de M. Jaurès.

III

La solution du problème marocain est triple : internationale, intérieure et économique. Pour préciser, quelle sera la condition du nouvel Etat à la face du monde, quelle attitude faudra-t-il prendre vis-à-vis des populations marocaines, enfin de quelle manière assurera-t-on la mise en valeur du pays et la pénétration des produits européens ?

Il faut successivement envisager chacun de ces points de vue. Il est nécessaire avant d'agir de se fixer le but à atteindre si l'on veut véritablement donner une sanction précise aux longs débats sur la question du Maroc.

∴

Il est des problèmes que la géographie rend internationaux, et il est naturel que les puissances ne puissent se désintéresser du Maroc situé à un des carrefours du monde.

Il est bon dès lors qu'avant le règlement définitif de la question chacun puisse exposer ses vues et exprimer ses réserves. Il sera aisé ensuite d'orienter notre politique en tenant compte de ces desiderata, et c'est pourquoi, avant toute action dans l'intérieur du Maroc, même avec le concours du Sultan ou avec le consentement des tribus, il faut que la condition internationale de l'empire chérifien soit réglée. C'est le seul moyen d'éviter dans l'avenir de décevantes surprises et d'irritants conflits.

La formule du protectorat est double dans ses effets.

D'abord l'Etat protégé renonce à sa souveraineté extérieure, à sa personnalité internationale; la première garantie que le protectorat offrirait donc à l'Europe serait la substitution de la France à un gouvernement chancelant et anarchique. Elle ferait à coup sûr cesser les méfaits des pirates, les crimes des fanatiques, voire l'insolvabilité du trésor.

Mais, en outre, l'Etat protégé renonce, partiellement du moins, à sa souveraineté intérieure. Il est admis que la nation protectrice donne des indications sur le gouvernement du pays. L'Europe, au lieu d'un empire fanatique, obstinément fermé au progrès, où n'existe nul service public, pas même celui de la sécurité, verrait le Maroc s'initier à la civilisation sous la tutelle de la France, dont la politique de pacification est la plus humaine en même temps que la plus rapide parmi toutes les puissances du monde.

Il ne suffit pas toutefois que le Maroc soit pacifié, il faut encore donner aux puissances l'assurance que le protectorat français ne sera pas un leurre et que l'influence française légitimement prépondérante ne deviendra pas abusivement exclusive.

Ainsi, en Annam et au Cambodge, où nulle puissance n'avait d'intérêts à l'époque de l'occupation, la France a pu maintenir son protectorat pour les seules commodités de son administration, mais sa liberté d'action y est aussi entière qu'au Tonkin ou en Cochinchine. Il ne saurait en être de même au Maroc, où nos rivaux ont des droits acquis qu'il nous faut évidemment respecter.

Aussi, dans son remarquable discours du 16 juin dernier, M. Etienne a-t-il proposé de leur donner un double gage, politique et économique, de nos intentions.

D'abord la France s'engagerait à ne point fortifier le Maroc et notamment à n'élever aucun ouvrage sur la rive africaine du détroit de Gibraltar. Il va sans dire qu'il y aurait dans le pays des troupes marocaines, mais elles auraient plus le caractère d'une milice que d'une armée. De même il y aurait une flottille de garde-côtes, mais uniquement destinés à réprimer la contrebande, la piraterie ou à surveiller les pêcheries; ces petits navires seraient sans puissance offensive et les ports qui les abriteraient n'auraient ni les formidables batteries, ni les vastes arsenaux de nos points d'appui.

Après avoir donné ce gage de ses intentions pacifiques, la France s'engagerait, en outre, à pratiquer au Maroc la politique dite de la porte ouverte, c'est-à-dire qu'elle n'exigerait pas un traitement privilégié en faveur de ses produits. Les taxes perçues dans les ports (droits de quai ou de pilotage) ou au débarquement des marchandises seraient les mêmes pour les produits de toute provenance. Ce ne serait pas là d'ailleurs une innovation dans notre politique économique. Déjà, le libre échange existe au Congo, au Dahomey et à la Côte d'Ivoire.

Ce second gage que pourrait donner la France

de ses intentions pacifiques nous paraît entraîner comme corollaire une rectification de la frontière algéro-marocaine.

L'Algérie est soumise au régime protectionniste de la loi de 1891 ; le Maroc jouira, au contraire, du libre-échange. La contrebande sera donc active, et il est nécessaire que la frontière puisse être aisément gardée. Il faudrait pour cela rendre à notre colonie sa frontière historique et naturelle de la Moulouïa.

Cette annexion ne léserait en rien le Maroc, puisque les tribus du Sud-Est ont toujours été indépendantes ; elle ne léserait pas plus les puissances, puisque celles-ci n'y ont aucun intérêt, soit politique soit économique, et que le pays est trop pauvre et trop peu populeux pour que l'agriculture et le commerce y puissent jamais prospérer.

En même temps, il serait prudent de délimiter le Maroc au Sud. Cette frontière pourrait être fixée au 30e parallèle, au sud duquel, depuis la convention franco-anglaise de 1890, notre souveraineté est reconnue.

Enfin, pour en terminer avec cette partie de la question, il est presque superflu d'ajouter que notre protectorat, respectueux des droits acquis, laisserait à l'Espagne ses enclaves de Melilla et de Ceuta, ainsi que les îles Zaffarine.

*
* *

La condition internationale du Maroc réglée, il conviendra de déterminer la politique à suivre dans l'intérieur de l'empire chérifien.

Le problème qui domine le débat et qu'avant tous les autres il faut élucider, est celui du pouvoir central. Faudra-t-il collaborer avec le Sultan ? ou, au contraire, négocier avec les tribus ?

M. Jaurès a défendu ce dernier parti avec son habituelle éloquence. Dans les deux tiers du pays, sa politique, d'une fiscalité exagérée, l'a rendu impopulaire. Pourquoi, dès lors, imposer aux populations un tyran dont elles ne veulent plus et nous attirer inconsidérément leur haine ?

Ces arguments ne sont pas décisifs. Comme toutes les populations religieuses jusqu'au fanatisme, les Marocains ne connaissent que la forme de gouvernement théocratique. Ils ne distinguent pas le spirituel du temporel, et puisque Mouley Abd-el-Aziz est le chérif le plus vénéré du Maroc, il est logique à leurs yeux qu'il en soit le souverain. Il serait imprudent de ne point tenir compte de cet état d'esprit en s'exagérant l'impopularité du Sultan.

Ces populations, que leur primitive rudesse prépare à la tyrannie, seront toujours prêtes à excuser le prince pour n'accuser que ses ministres et conseillers. Louis XV ne fut-il pas le bien-aimé?

En outre, pour leur fanatisme aveugle, le gouvernement d'un Sultan, même incapable, sera toujours préférable à l'administration, même parfaite, des infidèles. Il faut tirer parti de ces dispositions.

Il ne faut pas détruire aveuglément chez les tribus indépendantes l'idée de suzeraineté qui, chez elles, sommeille latente ; il faut pour cela inspirer au Sultan des réformes moins précipitées et plus heureuses que celles qui l'ont déconsidéré aux yeux de ses sujets.

Quand de Fez rayonneront les bienfaits et non plus les abus, l'influence du Sultan, c'est-à-dire de la civilisation, grandira sans cesse jusqu'à s'étendre à tout le pays, et à ce moment le programme de M. Jaurès deviendra presque un programme de gouvernement.

Il sera d'ailleurs relativement aisé d'imposer le

respect de l'œuvre aux irréductibles, qui trouvent leur profit dans le désordre.

Le Maroc peut fournir les éléments d'une milice qui, encadrée par des officiers et sous-officiers français, acquerrait bien vite cette discipline qui rend nos régiments de tirailleurs algériens si redoutables.

Mais il ne suffit pas que l'autorité du Sultan soit rétablie et qu'auprès de lui un résident français prodigue les bons conseils pour que nous ayons rempli notre devoir envers les populations marocaines. Il faut pouvoir contrôler l'exécution des réformes jugées opportunes, et c'est pourquoi, au-dessous du résident adjoint au Sultan, il faudrait, à mon sens, instituer des résidents adjoints aux autorités locales.

Cette organisation de contrôle devrait d'ailleurs différer grandement, suivant qu'il s'agirait du Bled-el-Maghzen ou du Bled-es-Siba.

Le Bled-el-Maghzen est cette partie du Maroc où les réguliers vallonnements des plateaux ont permis au Sultan de briser la résistance des tribus et de percevoir à peu près régulièrement les impôts. C'est le triangle Tanger, Fez, Mogador.

Ce Bled-el-Maghzen est administré par des caïds, quelquefois puissants chefs locaux, plus souvent courtisans récompensés par une prébende, mais pour la plupart concussionnaires et âpres à s'enrichir aux dépens de leur province. Il serait aisé de maintenir ces satrapes dans leur devoir en introduisant dans le pays l'institution du contrôle civil qui donne déjà d'excellents résultats en Tunisie. Le fonctionnaire français transmettrait au chef indigène toutes les instructions venues de la capitale, viserait les rapports et, par des tournées de surveillance discrètes et inopinées, contrôlerait l'application des réformes et l'intégrité du caïd.

Dans le Bled-es-Siba, il serait, au contraire, impolitique de soumettre l'indigène à un système d'administration aussi étroitement centralisé. Ce pays, qui comprend à peu près toute la partie de l'empire situé à l'est de la ligne Tanger, Fez, Mogador, a presque toujours été indépendant. Les Sultans y ont fait bien des expéditions et bien des razzias; mais la soumission durait ce que durait l'occupation militaire. Parfois, le Bled-es-Siba envoyait à Fez un tribut plus volontaire qu'imposé; la plupart du temps, il n'envoyait que ses prières. C'est dans le Bled-es-Siba que vivent les fières tribus berbères, préservées du néfaste fatalisme musulman par l'âpre misère des montagnes. Groupées en communautés, elles ont pratiqué les institutions républicaines.

Il ne faudrait pas, comme nous l'avons fait en Algérie, briser cette louable organisation et, puisque ces tribus n'ont jamais obéi au Maghzen, leur imposer des caïds. Bien plutôt il faudrait inciter les villages à se grouper en confédérations; ces confédérations seraient représentées par un Conseil élu, et c'est à ce Conseil que notre résident suggérerait les progrès à réaliser. Un impôt insignifiant d'abord, puis proportionné au développement économique, affirmerait la suzeraineté du Sultan.

En donnant ainsi à chaque peuple le système de gouvernement le plus conforme à ses mœurs et à son passé, le protectorat français ouvrirait le pays à la civilisation, tout en respectant les institutions nationales.

*
* *

Tandis que s'achèvera la pacification du Maroc, et peut-être même dès le début de l'œuvre, il conviendra de doter cet empire plus grand que la France des organes que mérite sa richesse et qui lui permettront de se mêler à la vie économique du monde. Ce ne sera pas là la partie la plus aisée de notre tâche. Le programme d'outillage nécessitera un emprunt. Déjà l'épargne française a trouvé dans nos fonds publics coloniaux pour plus de 700 millions d'avantageux placements. Quand, au Maroc, une administration prudente et intègre aura engendré la confiance et la prospérité, l'empire chérifien pourra utilement employer une centaine de millions à son développement économique.

Une partie de ce capital servirait à convertir les emprunts contractés par le Maghzen et qui s'élèvent à la somme de 24 millions environ, fournis par des banques françaises, anglaises et espagnoles. Le reste pourrait être consacré aux ports et aux voies ferrées. Dans ce pays où tout est à créer, on ne saurait espérer que l'initiative privée suffira à exécuter les travaux publics, même les plus urgents. Tanger, Casablanca et Mogador doivent devenir des rades sûres. Il conviendra de rechercher sur la côte du Riff une baie pratique qui puisse servir de débouché au pays. A ces ports, il faudra ensuite ouvrir un *hinterland*, et c'est le rail seul qui peut le leur donner. Il est probable que sur les plateaux de l'Ouest où la construction est relativement facile et où les terres promettent de riches récoltes, des Compagnies oseront assumer la construction d'une ligne Mogador-Fez-Tanger avec embranchement vers les ports de la côte (Casablanca, Saffi, R'bat).

Les chemins de fer stratégiques, au contraire, dont le rendement est moins certain et la construction plus malaisée, ne pourront être entrepris qu'avec le concours de l'Etat. Et nous visons moins ici la voie du Béchar, utile à la pacification du Sud-Oranais, que la ligne maîtresse Tlemcem-Taza-Fez, prolongement de notre « Grand Nord-Africain » qui s'étend comme la colonne vertébrale de notre domaine. Et, certes, en prônant cette voie, nous ne serons pas suspects d'une puérile manie de vouloir faire grand. Personnellement, au contraire, pour l'Afrique occidentale française, j'ai, à maintes reprises, protesté contre cette dangereuse utopie qui pousse à établir les tracés, plutôt, semble-t-il, pour l'harmonie des cartes que pour le développement des pays.

Mais cette ligne Tlemcem-Fez constitue le

plus court chemin de l'Algérie au cœur du Maroc. C'est elle seule qui nous donnera accès à Taza, Taza point de suture entre le Riff et l'Atlas, capitale séculaire de l'insurrection, gardienne jalouse d'un des rares passages que l'énorme et confus massif a laissés entre le Maroc et l'Algérie.

Il faut aller à Taza !

Et je souhaite en terminant que l'accord qui semble s'être fait entre tous les partis en ce qui concerne notre politique d'expansion soit le plus ferme levier de notre action pacifique au Maroc.

Les principes que j'ai résumés ne sont pas ceux d'un parti, ils sont ceux d'un Français profondément épris de la grande œuvre africaine, par laquelle son pays établira le plus éclatant témoignage de son génie colonisateur et de ses principes d'humanité.

Tableau des exportations du Maroc — moins le commerce Algéro-Marocain

(D'après les tableaux de M. de Laroche)

Sommes des produits exportés.	Laines 4.054.000f	Dattes 169.000f	Alpistes 371.000f	Pois Chiches 1.742.000f	Fèves 2.287.000f	Peaux de Chèvres 2.935.000f	Œufs 2.163.000f	Bœufs vivants 1.556.000f – 433 têtes	Huiles 292.000f	Amandes [illegible] 247.000f
Allemagne	32%		10%	2%	1%	1%	7%		65%	27%
Angleterre	22%	72%	62%	1%	81%	19%	47%	59%	29%	69%
France	45%	6%	3%	17%	4%	57%	2%	27%	3%	4%
Italie	1%									
Espagne		22%	20%	76%	11%	États-Unis	44%	14%	3%	
Portugal			5%	3%	3%	18%				

Tableau des exportations du Maroc — moins le commerce Algéro-Marocain

(D'après les tableaux de M. de Laroche) (*suite*)

Exportation (Suite)	Maïs 105.000	Cuirs 96?.000f	Cires 1.064.000f	Peaux de moutons 4??.000f	Coriandre 13.000f	Babouches 743.000f	Gommes 531.000f	Volailles 13?.000f	Fenugrec 167.000
Allemagne	1%	15%	38%	76%	36%		5%		75%
Espagne	53%	7%		2%	4%	1%		22%	
France	3%	29%	30%	17%	31%	5%	5%	3%	20%
Angleterre	18%	3%	30%	[illegible]	29%	1%	79%	75%	4%
Italie		44%	2%	1%					
Portugal	25%	1%							
[illegible]		Suisse [illegible]		[illegible]		Égypte 92%	[illegible]		États-Unis 1%

Tableau pour 1901 du commerce des principales puissances avec le Maroc

Désignation	Importations	Exportations	Total
	francs	francs	francs
France, Algérie et Afrique française	14 500 000	23 500 000	38 000 000
Angleterre et Gibraltar	24 200 000	12 000 000	36 200 000
Espagne et présidios	1 600 000	6 700 000	8 300 000
Allemagne	3 300 000	4 050 000	7 350 000
Belgique	2 900 000	»	2 900 000
Divers	»	»	6 500 000
	Total.		99 250 000

Si on représente par 100 le commerce total et si l'on tient compte du mouvement assez considérable des métaux précieux auquel la France participe le plus largement on obtient la proportion suivante pour 1901 :

Commerce français . . .	40	Commerce allemand . . .	7 1/2	Total : 100.
» anglais . . .	35 1/2	» belge	3	
» espagnol . . .	8	» divers	6	

Tableau des importations au Maroc — moins le commerce Algéro-Marocain

(D'après les tableaux de M. de Laroche — Exposition de 1900)

	Sucre	Papiers	Bougies		Cotonades	Draps	Coton en rame	Semoule et farines	Soieries
Totaux des produits importés	9.756.000	122.000	1.125.000	2.142.000	13.360 000	521.000	106 000	418.000	203.000
Angleterre	[illegible]	9%	98%		91%	27,40%	99%	10,25%	1,45%
France	70%	68%	0,65%		7,10%	8,40%	1%	83,25%	92%
Allemagne	9%	22%	1,15%		1,90%	50%		0,55%	2,85%
Belgique	22%		0,20%			3,40%		0,25%	
						0,55% Espagne		5,70% États-Unis	1,15% Italie
Hollande						0,25%			

Après un court séjour à Marseille, El-Menebhi s'est mis en route vers La Mecque. A son retour il poussera jusqu'à Paris et sera l'homme du jour.

Si les Marocains d'aujourd'hui ont autant d'esprit que les Persans du XVIIIe siècle, quelles jolies lettres ce ministre de trente-cinq ans pourra adresser à ses amis de Fez !

A peu près inconnu hier, bien qu'un trône ait été l'enjeu du succès de ses armes et que la paix européenne ait à peu près dépendu de ses intrigues, il a suffi pour le rendre populaire chez le peuple spirituel que nous sommes toujours que d'authentiques eunuques l'accompagnassent à Marseille pour garder jalousement son harem authentique, que le Sultan confiât à cet homme jeune, riche et beau, quarante de ses épouses pour les initier aux mystères de la vraie foi et qu'avec un geste superbe d'indifférence orientale

El-Menebhi abandonnât tout ce monde au roulis de la Méditerranée, tandis que, désireux de tâter du sleeping, il s'épargnait quatre jours durant les fatigues de l'amour et de la mer.

Donc, ses dévotions faites, ce bon pèlerin nous reviendra, envieux de voir les merveilles de Paris et convaincu du succès et de la sympathie accueillante que la polygamie pour de bon est toujours certaine de rencontrer là où les lois la condamnent le plus sévèrement.

Mais l'attrait de nos music-halls et de nos cabarets n'eussent point suffi, cependant, à décider ce pieux musulman.

Son voyage est tout d'humilité et de contrition. Après avoir obtenu à la Mecque la remise de ses péchés et baisé dévotement la pierre noire, El-Menebhi viendra à Paris pour se faire pardonner certain bruyant voyage dans une autre capitale au temps où même cet homme avisé, circonspect et habile à ménager ses intérêts, ne pouvait prévoir que la France, bernée au Maroc pendant plus d'un demi-siècle, oserait enfin exiger le respect de ses droits.

*
* *

C'est toute la politique marocaine de ces dernières années qu'incarne El-Menebhi.

Tant que vécut le vieux Ba-Ahmed, Mouley Abd-el-Aziz promena à Fez un ennui gros de désir et de curiosité parmi les barbes blanches des vieux conseillers qui s'efforçaient d'imposer à cette âme jeune que tout poussait à la lumière, la stérilité de leurs obscures rancunes en même temps que la haine du progrès et des Européens qui s'en faisaient les apôtres. Mais quand donc les adolescents croiront-ils à la sagesse des vieillards ?

Le geôlier mourut, et disparurent avec lui les règles sévères et protectrices dont il avait entouré jalousement le descendant des Idriss.

L'argent des contribuables marocains s'évanouit en coûteux jouets. Habitués de longue date à voir l'impôt servir aux caprices du prince, les sujets du jeune empereur ne se fussent sans doute pas émus outre mesure de ces gaspillages, mais Abd-el-Aziz ne se contenta pas d'importer dans son royaume, sous forme d'automobiles ou d'appareils photographiques, les produits de la civilisation. Il eut la fâcheuse pensée d'importer la civilisation elle-même, et les fidèles, consternés, apprirent un jour avec colère que le chef des croyants s'entourait d'Européens, et qu'il n'avait pas hésité à commettre un sacrilège pour punir un bon musulman qui venait de gagner le paradis en assassinant un roumi.

On sait comment finit l'aventure. Bou-Hamara réunit contre l'imprudent novateur toutes les misères et tous les fanatismes. Taza devint la citadelle de la révolte. Les puissances intéressées, impassibles en apparence, assistèrent alors à la débâcle d'un souverain qui, à se faire le champion de l'Europe contre les préjugés de ses sujets, n'avait même pas gagné le crédit de l'une pour le soutenir contre la révolte des autres.

Une bonne part de la responsabilité de cette situation critique incombe sans nul doute à El-Menebhi.

L'âge même de ce ministre, parvenu à trente-cinq ans aux honneurs suprêmes dans un pays où la vieillesse est la première condition de l'autorité, indique assez qu'il est sans passé et que nul éclatant service n'a dû le signaler à l'attention du Sultan.

Mais pour le jeune prince qui n'avait pris véritablement le pouvoir qu'à la mort de Ba-Ahmed, El-Menebhi avait le mérite de connaître Tanger, ville presque européenne où l'on s'éclaire à l'électricité, où l'on se cause au téléphone, où dans les rues presque propres règne une complète sécurité.

Le caïd avait vu toutes ces merveilles ; il n'en fallait pas plus pour déterminer le choix du nouveau maître.

On a voulu voir dans El-Menebhi un libéral si désireux d'apporter à son pays les bienfaits de la civilisation qu'il n'hésitait pas, pour accomplir cette noble mission, à braver la colère des privilégiés et celle plus dangereuse encore d'un peuple tenace à défendre ses abus.

Cela est à voir et il n'est peut-être, pour surpasser la rouerie orientale, que la candeur d'Occident.

Il faut considérer, en tous cas, que les pays de l'Islam ignorent le patriotisme ; seul le lien religieux rapproche les populations. Quant au dévouement aux affaires publiques il convient de l'aller chercher ailleurs.

Si El-Menebhi est vraiment de son pays, nous pouvons craindre qu'il n'ait pas fait exception à la règle et qu'il ait beaucoup moins songé aux affaires du Maroc qu'aux siennes.

D'ailleurs, ministre de la guerre, ne s'en va-t-il pas pèleriner quand l'émeute menace le trône. Au moment où le trésor de son pays paraît épuisé absolument, ne raconte-t-il pas avec complaisance qu'il a fallu quarante mules pour porter sa fortune de Fez à Tanger, ne voyage-t-il pas avec une suite que connaissent peu de souverains et le crédit de ce fonctionnaire n'est-il pas supérieur à celui de l'empire aux dépens duquel il s'est enrichi ?

En réalité, El-Menebhi s'est fait le complaisant courtier du jeune sultan dans ses achats de coûteuses mécaniques. Avant tout soucieux de plaire, il n'a jamais usé de son influence pour modérer une prodigalité qu'il savait mener à la banqueroute.

Il n'a même pas hésité à faire appel à l'intervention étrangère quand il l'a jugée favorable à ses intérêts. La preuve en est dans sa tapageuse ambassade à Londres en 1901.

Aujourd'hui El-Menebhi, Oriental avisé, sent tout le critique de la situation. Prudemment il attendra à la Mecque... ou ailleurs, l'issue de la crise marocaine. Il reparaîtra quand la situation se sera plus nettement dessinée et que, sans s'exposer à l'erreur commise en 1901, il pourra offrir ses services à celle des puissances dont l'influence sera réellement prépondérante.

L'activité plus ou moins grande de la diplomatie européenne déterminera la durée des dévotions du jeune ministre.

Cependant, désireux d'éviter toute surprise, El-Menebhi a déjà préparé le terrain en France. Pour aller à la Mecque il a fait un crochet parfaitement inutile en s'arrêtant à Marseille où il a prodigué les paroles de sympathie et les vœux les plus sincères pour notre prospérité.

Tout porte donc à croire qu'El-Menebhi trouvera définitivement sur la route de la Mecque son chemin de Damas.

*
* *

Notre diplomatie n'a jamais été heureuse avec les ministres orientaux en visite à Paris. Le bon Li-Hung-Chang confiait à nos rivaux l'armement des forts de Takou. Nous n'avons pu empêcher le marquis Ito de conclure l'alliance anglo-japonaise et il n'est pas besoin de rappeler le passage de ce rusé représentant du Siam, qui faillit nous imposer une convention à laquelle nous échappâmes à grand'peine.

Serons-nous plus heureux avec El-Menebhi?

Oui, à condition de lui laisser nettement sentir que nous n'avons rien à redouter de son hostilité. Comme tous les favoris, cet homme n'a en effet qu'une influence de façade. Il est sans passé, sans traditions, il n'a aucun parti au Maroc. Même si nous n'avons rien à craindre de lui, il a tout à espérer de nous. Le Sultan, dont le pouvoir est de plus en plus chancelant, ne peut plus pour lui... que peut-être lui confisquer, un jour de besoin, tout ou partie de sa fortune. El-Menebhi le sait bien, et c'est pourquoi il vient nous offrir ses services.

Certes, il peut nous être utile. Jeune, intelligent, ambitieux, il peut être un excellent instrument. Dans tous les empires orientaux qui s'effondrent, on trouve de ces personnages qui, après avoir contribué par leurs imprudences à hâter la débâcle, deviennent ensuite de bons auxiliaires pour l'Etat européen qui rebâtit sur les ruines.

Mais il faut bien qu'El-Menebhi sache qu'il n'a rien à espérer que de la France, que nous ne souffririons pas plus ses intrigues que ses concussions et qu'il deviendrait notre victime s'il refusait d'être notre auxiliaire.

Le ministre français qui parlera avec cette autorité à son... ancien collègue devra évidemment avoir la conscience très nette de nos droits au Maroc. Je sais à ce sujet les idées du ministre français, mais il faudra les affirmer plus énergiquement, et que les paroles, pour être un peu moins diplomatiques, soient en réalité plus décisives. Elles n'en seront que plus françaises.

Et d'ailleurs à quoi bon ruser alors que toute l'Europe, parfois même avec quelque dépit, reconnaît que la situation de la France doit être prépondérante au Maroc ?

Par quel étrange phénomène la France seule hésiterait-elle encore ?

En 1901 déjà, deux ans par conséquent avant que M. Etienne ait courageusement affirmé nos aspirations légitimes, un publiciste anglais qui dirige au Maroc un journal anglais, M. Budgett Meakin, écrivait : « Tout ce que désire l'Angleterre, c'est l'entrée de la Méditerranée ou même, si c'est possible, l'assurance que ce passage sera neutralisé. Si on lui donne cette garantie, elle n'a nulle objection à faire à l'expansion française... Le meilleur parti pour elle est de signer une convention avec la France et de reconnaître ce qui fatalement arrivera un jour, que la France est l'héritière légitime du Maroc quand le maghzen se sera effondré. »

En juillet 1903 M. Harris, correspondant du *Times* à Tanger, donnait la même note. Tout récemment un homme qui a fait de grands efforts pour propager l'influence allemande au Maroc, le docteur Weisgerber, reconnaissait que les droits de l'Empire étaient trop fragiles pour être opposés à ceux de la France.

Chez nous, au contraire, tout semble encore incertitude. Il y a urgence pour le pays à se prononcer. Au printemps, la guerre civile recommencera au Maroc et le Sultan, sans troupes, sans argent, devra abandonner son empire à l'anarchie s'il n'est soutenu par une puissance européenne.

El-Menebhi viendra prochainement offrir à Paris ses sourires et ses services. Pour la grandeur de mon pays, j'espère qu'il ne sera pas dupe des premiers et qu'il saura s'assurer les seconds.

II

LES DÉLÉGATIONS FINANCIÈRES ALGÉRIENNES

Bien que les dernières venues parmi nos assemblées coloniales, les délégations financières de l'Algérie sont à coup sûr les plus remarquables, tant par l'importance de leurs travaux que par l'ampleur de leurs débats. Créées avec méfiance par la métropole, entravées par les plus minutieuses restrictions, armées des plus minces pouvoirs, elles s'imposent cependant déjà à l'attention des pouvoirs publics. Demain elles seront souveraines en Algérie.

En gouverneur avisé, M. Jonnart qui, comme il se plaît à le répéter, est un vieil Algérien, les a convoquées sitôt son retour. Il savait réunir l'élite de la colonie et que c'était l'âme du pays avec laquelle il allait prendre contact.

Pour les créer on a épuisé toutes les subtilités du droit. On nous avait habitués à moins de façons dans nos colonies. Dans les anciennes possessions, dotées d'une représentation locale depuis la Restauration, on avait simplement importé les règles de la métropole ; un suffrage à peu près universel, sans distinction de race ou de couleur, élisant, tout comme dans nos campagnes, des conseillers généraux. On eut plus tard la hardiesse d'exclure les indigènes et de ne maintenir le suffrage que pour les résidents français ; enfin, dans le nouveau domaine colonial que la République a donné à la France, on a trouvé plus sage d'adjoindre par nomination quelques colons à une assemblée de fonctionnaires, et même, par un acte qui fera époque, on porta un coup droit à l'ancien système d'assimilation en supprimant un des conseils généraux, celui de Tahiti. Par un bizarre mais heureux illogisme, c'est donc la République qui s'est montrée la moins libérale dans la concession des libertés publiques.

Tout ce système de représentations locales est dominé par l'institution des conseils de l'Inde, instrument difforme, conçu dans les bureaux du département et qui marque les hésitations d'une époque où l'autonomie commençait à être prêchée sans qu'on eut toutefois le courage de rompre avec les anciens errements d'assimilation. On maintenait le suffrage universel, vive le Roy, mais on créait une liste électorale pour chaque race, vive la Ligue ! et encore un jeu de savantes combinaisons permettait-il de fondre en certains cas les trois listes électorales en deux ou même en une seule. Le département, convaincu du danger des conceptions absolues et unitaires que la Révolution et l'Empire avaient appliquées, ignorant tout des colonies, asseyait l'autonomie sur de si étranges bases que l'expérience ne pouvait être que décevante.

Au mépris de tous les principes on a usé, pour créer les Délégations algériennes, de tous les procédés. Il y a des délégués élus et des délégués nommés ; ceux qui sont élus le sont à un suffrage restreint, basé, tantôt sur des considérations de race, tantôt d'honorabilité, tantôt sur des distinctions de nationalité ou de profession. Il semble que ce soit l'imbroglio et c'est au contraire le plus souple outil dont la métropole ait doué une de ses colonies, la plus grande œuvre de l'éminent gouverneur Laferrière qui aura, devant l'histoire, l'honneur d'avoir donné des organes à l'Algérie que Jules Ferry venait de rappeler à la vie.

On a d'abord fait dans la population algérienne deux grandes distinctions ; d'une part, les indigènes, de l'autre, les Européens et, dans chacun de ces deux grands groupes ethniques, on a fait une nouvelle division. Chez les indigènes, et c'était une grande sagesse, on a distingué les Kabyles des Arabes ; ils ont une représentation, des listes électorales différentes. L'élection se fait par les notables et les fonctionnaires indigènes qui concourent à assurer notre autorité. Seuls les délégués arabes du Sud sont désignés par le gouverneur général.

Chez les Européens on distingue, non seulement entre nationaux et étrangers, mais encore entre Français d'origine et Français naturalisés, ceux-ci n'étant électeurs que dix ans après leur naturalisation. Cette disposition, extrêmement heureuse dans un pays où une forte émigration méditerranéenne menace plus que jamais la mentalité française, était sans aucun doute illégale quand elle fut introduite par les décrets de 1898. La loi de 1889 ne faisait pas de distinction entre Français d'origine et naturalisés, un décret ne pouvait innover sur ce point. Depuis 1900, cette situation est régularisée, les décrets ayant été incorporés dans la loi d'autonomie algérienne, la charte, comme on dit déjà dans la colonie. Toutefois il est étrange et regrettable surtout, que le naturalisé, qui ne peut prendre part à l'élection d'un délégué financier, d'un représentant local, ne soit pas frappé de la même incapacité pour les élections législatives. Le Napolitain, Maltais ou Valençais, naturalisé d'hier, peut, par son vote, influer sur la guerre ou sur la paix, sur la constitution du pays ; il ne pourrait faire modifier un crédit intéressant l'Algérie seulement. On conçoit aisément les dangers de cette bizarrerie. Il est temps qu'intervienne une loi sur la naturalisation coloniale pour la distinguer nettement de la naturalisation métropolitaine. En France, l'élément étranger est une minorité et le sera toujours, on peut donc sans crainte se montrer libéral. Dans nos colonies, et l'Algérie en est une preuve éloquente, c'est la race étrangère, naturalisée ou non, qui menace de l'emporter. Puisqu'on redoute, et à bon droit, son immixtion dans les affaires locales, nous avons le devoir de nous montrer plus circonspects encore pour celles qui intéressent la France.

Cette distinction fondamentale entre Français

d'origine et Français naturalisés n'est pas la seule cependant que l'on pratique dans le corps électoral, car pour constituer les Délégations françaises on fait un nouveau partage, basé cette fois sur la profession. D'une part est rangé l'élément rural du pays, l'élément colon ; de l'autre, l'élément citadin (fonctionnaires, professions libérales, commerçants et industriels), l'élément non colon. En résumé donc, quatre Délégations (1) : celles des Arabes et des Kabyles, qui forment la Délégation indigène, celles des non-colons qui composent la Délégation française.

La Délégation arabe est élue au suffrage restreint. Il y siège cependant quelques membres désignés par le gouverneur, gens auxquels le fatalisme religieux a enlevé jusqu'à la conception de l'idée générale et qu'une longue servitude, soit étrangère venant des Turcs, soit nationale imposée par la féodalité, a privés de tout esprit public. Délégation fort mal recrutée d'ailleurs, où les quelques notables intelligents qu'envoient les villes sont écrasés par les amples burnous qui

(1) Trois, car la subtilité administrative n'admet qu'une seule Délégation indigène, divisée en deux sections, une section arabe et une section kabyle.

cachent la puissante et décorative nullité des grands chefs, figurants de cortège, roués, cauteleux, intéressés, ignorants comme nos hobereaux du moyen âge et où l'ambitieuse et remuante démocratie des lettrés n'est même pas représentée.

La Délégation kabyle est autrement intéressante. Des siècles d'indépendance ont donné aux communautés berbères la pratique des institutions représentatives et, à leurs élus, le souci éclairé des intérêts généraux. La rude misère des montagnards les a forgés pour la lutte. Ceux-là discutent, se jalousent et se querellent ; lors de la dernière session, il a fallu proclamer, après deux tours de scrutin, un président élu au bénéfice de l'âge. Il y a dans tous leurs travaux un effort réel, très honorable ; leurs vœux sont le plus souvent pratiques et sensés, et, même utopiques, ils prouvent l'attachement de ces élus pour les régions qu'ils représentent. Il est regrettable toutefois que, dans cette Délégation kabyle, ne siègent pas les représentants des autres régions berbérisantes de l'Algérie, des montagnards du Dahra et de l'Aurès. Sans doute ces dernières n'avaient pas le nombre et l'homogénéité qui ont permis au groupement des deux

Kabylies de résister aux efforts de l'administration, hostile à leur séculaire autonomie, désireuse de centraliser, et ces groupements secondaires menacent aujourd'hui de se fondre dans la masse apathique des Arabes. Ce n'est pas un progrès que ce nivellement par en bas et il serait sage de remettre ces populations en contact avec leurs frères des Kabylies.

Mais combien la délégation indigène, même la section kabyle, semble-t-elle pâle à côté des Délégations françaises ! C'est là que véritablement vibre l'âme de l'Algérie ; il faut lire leurs délibérations pour se rassurer, se rendre compte que c'est encore le Français qui est le noyau de la jeune race algérienne, pour rendre hommage à ses merveilleuses qualités de labeur, d'intelligence et de sens pratique et pour aimer ces hommes à la fois grands et affinés, par leurs longues luttes sur cette terre d'Algérie.

Ce sont, dans les procès-verbaux des non-colons, les questions de réglementation administrative et financière qui prennent la place prépondérante. C'est dans cette délégation que l'on étudie avec le plus de soin les projets soumis par l'administration et que l'on remplit le plus exactement cette mission de contrôle qui devait être, dans l'esprit des décrets de 1898, le propre des Délégations. Mais c'est là aussi que l'on affirme, avec une habileté qui n'exclut pas l'énergie, les droits de la jeune assemblée, que l'on défend jalousement des privilèges conquis, qu'on indique les imperfections de l'organisme et les moyens d'y remédier. C'est là enfin que se forge ce que l'on pourrait appeler la jurisprudence des Délégations financières et que s'élaborent ces formules souples et heureuses, compréhensives, qui, interprétées de bonne foi, concilient tout le monde et ménagent toutes les susceptibilités. C'est dans la Délégation des non-colons que siègent tous ces hommes qu'une longue pratique des imperfections de la législation algérienne a rendus, malgré eux, législateurs, qui, depuis de longues années, se sont prodigués pour leur patrie adoptive dans les assemblées locales ou les comices, voire au Parlement. La Délégation des non-colons, pourrait-on dire, est le cerveau de l'Algérie.

Mais celle des colons en est le cœur. Si dans les villes on trouve la curiosité et l'élégance d'une race à l'esprit prompt et vif, dans les campagnes c'est la forte sève qui se manifeste. Le colon, seul dans sa ferme, habitué à l'indépendance, se plie mal aux règlements de l'administration, son rude bon sens ne s'entend pas aux subtilités ; c'est lui qui fait la richesse de ce pays de production ; il le sait, il en est fier. C'est un impulsif ; ses interruptions sont des coups de boutoir ; il n'est pas de session où il ne faille revoir, corriger, adoucir un rapport dont les les termes sont par trop agressifs. Mais il faut le dire à la louange des colons, c'est leur attachement pour le pays qui provoque cette passion et dans cette passion il y a trop de mécomptes dont la faute remonte aux pouvoirs publics de la colonie.

Les quatre Délégations siègent isolément, mais quand elles ont épuisé leurs ordres du jour respectifs, les problèmes d'intérêt général sont discutés en assemblée plénière. Ainsi dans chaque délégation se fait un travail d'élimination. Chacune statue définitivement sur les intérêts qui regardent particulièrement ses mandants et étudie seulement les grands problèmes dont la solution aura une répercussion sur toute l'Algérie. L'Assemblée plénière est présidée par le doyen des présidents des Délégations françaises ; c'est toujours l'éternelle méfiance des décrets organiques, un président élu par les Délégations réunies serait un trop grand personnage. Ce qui n'empêche que cette réunion a toute l'allure des Etats Généraux de l'ancien régime. Le gouverneur général entouré d'un brillant état-major assiste à la séance. Il est secondé par une dizaine de commissaires du gouvernement, ce qui, d'ailleurs, ne l'empêche pas de prendre part aux débats.

Dans ces grandes journées, les Délégations indigènes disparaissent, leurs membres deviennent véritablement les Beni-Oui-Oui et constituent la majorité intangible que l'administration sait être à elle, prête à voter tous les projets qu'elle présentera. Mais sur les bancs des délégués français la discussion s'ouvre large et mesurée, grave, solennelle; chacun parle de sa place et c'est un bien que l'absence de la tribune. Comme les séances ne sont pas publiques, les galeries n'obligent pas à l'effet oratoire. Ils ont conscience de leur responsabilité envers le pays, ces hommes qui y sont nés ou que de longues années de luttes ardentes y ont attachés. Ils savent que pendant ces quelques jours ils sont l'incarnation de la colonie, que l'heure presse et que, sitôt la session close, ils s'éparpilleront de nouveau par les vastes territoires, séparés pour un an, de collègues avec lesquels ils ont à peine pu prendre contact. Ils n'ont jamais été au-dessous de leur tâche. Ils ont recueilli avec une tendresse éclairée le budget algérien enchevêtré dans le budget de la métropole. En faisant ses premiers pas, la colonie a fait ses preuves. Dans des séances qui seront un jour historiques, les Délégations financières ont rompu l'an dernier avec les institutions politiques de la vieille France, en votant la suppression des conseils généraux. Elles acceptaient ainsi délibérément la constitution coloniale ; mais déjà, en décidant cette rupture, elles savaient ne pas aller vers l'inconnu.

La session de 1903 des Délégations financières de l'Algérie a été ouverte le lundi 18 mai et close le lundi 15 juin. Pendant près d'un mois les Délégations françaises, de beaucoup les plus importantes, ont siégé, tous les jours, de 2 heures à 6, les matinées étant réservées aux séances des commissions ; souvent même, on siégeait le matin, les membres retenus aux commissions étant excusés. Du 10 au 15 juin, les délégations ont délibéré matin et soir en assemblée plénière. Si l'on se souvient que c'est pendant les sessions et non dans leur intervalle, que doivent être étudiées toutes les questions et élaborés tous les rapports, notamment le rapport général sur le budget, on reconnaîtra que les Délégations sont parmi les assemblées les plus laborieuses.

Leur principale tâche est le vote du budget ; elles sont et demeurent surtout une assemblée financière ; dans l'esprit des décrets de 1898, le budget seul devait donner lieu à une délibération et les Délégations n'auraient pu émettre qu'un avis sur les autres questions que le gouverneur général voulait bien soumettre à leur examen. Toutefois la triple formule : délibération du budget, avis sur les projets soumis, vœux sur les questions évoquées, est à la fois trop et trop peu compréhensive. Le budget algérien connaît, en effet, comme tous nos budgets locaux, tant métropolitains que coloniaux, la distinction fondamentale entre les dépenses facultatives et obligatoires. Celles-ci, qui s'appliquent aux services indispensables au fonctionnement normal du pays, peuvent être inscrites d'office ; celles-là, au contraire, peuvent être délibérées librement par l'assemblée. Le budget voté par les Délégations l'est ensuite par le Conseil supérieur de l'Algérie, assez pâle assemblée, avec une trop forte minorité de hauts fonctionnaires, et approuvé par une loi.

Si les Délégations ne délibèrent pas sur tout le budget, elles ont, par contre, plus qu'un droit d'avis sur la plupart des projets qui leur sont soumis par l'administration. Il n'en est guère parmi ces projets, en effet, qui n'aient pour la colonie des conséquences financières et qui, indirectement, mais non moins effectivement, nécessitent l'approbation de l'assemblée. Il en est ainsi pour l'exécution des grands travaux publics sur fonds d'emprunt, ainsi que pour le rachat des voies ferrées et l'examen du compromis financier avec la métropole. Également pour tous les remaniements d'impôts et pour les morcellements du territoire de la colonie lorsqu'on en a détaché les territoires du Sud. Toutes ces questions, qui ont une répercussion budgétaire, sont discutées presque souverainement au sein des Délégations financières.

Le budget algérien se chiffre actuellement par un peu plus de 100 millions, non compris une dépense de 25 millions pour les garanties d'intérêts aux chemins de fer de la colonie et dont la métropole prend encore les charges. Depuis qu'il existe, le budget spécial s'est constamment soldé en excédent. La caisse de réserve, créée en 1900, est déjà riche de près de 10 millions.

Ce rouage financier alimenté par les économies de la colonie, appelé à bon droit le thermomètre financier du pays, indique que la température de l'Algérie est des] plus satisfaisantes. Il est vrai, et c'est une considération qui n'a pu manquer d'avoir une répercussion sur la situation budgétaire, que les dernières années ont été particulièrement heureuses, mais il ne nous paraît pas douteux que le principal mérite de la prospérité financière actuelle revient à la bienfaisante loi d'autonomie. Rien ne pousse à l'économie comme de posséder chacun la responsabilité de ses affaires ; et, en effet, à quoi servirait-il à une colonie d'être économe si les fruits d'une prudente gestion devaient se perdre dans les vastes caisses du trésor national, et au surplus quoi de surprenant à son gaspillage, si un contrôle sérieux sur l'opportunité des dépenses est impossible ?

La discussion d'un budget de plus de 100 millions, s'appliquant à un pays plus vaste que la France, et cela en un peu plus de trois semaines, est déjà une preuve de la plus louable activité. Nos conseils généraux, dans un laps de temps sensiblement égal, n'en font pas autant, mais cette discussion de budget, dont la préparation est d'ailleurs confiée à une commission *ad hoc*, la seule où siègent en commun des représentants des diverses Délégations, n'occupe pas toutes les séances. Il y a d'abord, et c'est un mal commun à toutes les assemblées, toute une série de vœux d'intérêt local ou régional dont la discussion est d'autant plus âpre que des intérêts particuliers sont en conflit et d'autant plus longue que chacun peut et veut placer un mot. Parmi ces vœux il convient de signaler de nombreuses pétitions de fonctionnaires algériens demandant, qui des titularisations, qui des augmentations de traitement. Toutes ces pétitions sont adressées à la Délégation des non-colons dont les mandants sont, pour une grande part, des fonctionnaires ; il y a là un danger ; il ne faut pas que cette Délégation devienne le représentant des intérêts d'un groupe et compromettre ainsi la discipline qui doit régner dans les corps algériens. Nous avons eu dans nos colonies de trop funestes exemples de ces conseils en perpétuelle mais légale insurrection contre leurs gouverneurs. La sagesse de la délégation des non-colons n'a pas fait jusqu'ici grand accueil à ces pétitions ; mieux vaudrait encore suivre les errements de la Délégation des colons et leur opposer la question préalable, les questions de personnel devant demeurer de l'initiative des gouvernements.

Mais en dehors du budget et au-dessus des vœux, il y avait à l'ordre du jour de cette session toute une série de graves problèmes.

Un prélèvement de 4 millions sur la caisse de réserve pour permettre la création de 400 nouvelles écoles. L'éternel débat sur les 25 millions de garanties d'intérêt et la discussion du compromis financier, toujours pendant entre la colonie et la métropole au sujet du rachat. La détaxe des sucres dont les conséquences économiques, dans un pays essentiellement viticole, soulèvent les mêmes craintes que dans notre midi et qui creusait un déficit de plusieurs millions que de nouvelles taxes devaient combler.

Enfin, toujours au point de vue financier, débats sur l'enregistrement et la répartition de l'octroi de mer, sur la création d'un impôt grevant les officiers ministériels et surtout une dizaine de millions à répartir sur les fonds d'emprunt aux grands travaux d'intérêt général avec les compétitions qui, fatalement, s'ouvrent alors entre les différentes régions, compétitions d'autant plus acharnées que l'outillage manque partout. A un point de vue plus restrictif de réorganisation administrative, les Délégations se sont occupées du régime forestier, des réformes dans le service de la clavelisation des moutons. Elles se sont même prononcées sur la grave question de la colonisation : faut-il vendre des terres aux colons ? faut-il les leur concéder gratuitement ? Enfin figurait à leur ordre du jour le projet d'introduire en Algérie le système de l'Act Torrens et de réformer ainsi, pour la huitième fois en moins de soixante ans, le régime de la propriété foncière dans la colonie.

Tout cela a été abordé, discuté et souvent solutionné en trois semaines ; on peut dire *à priori* que, quelle que soit la bonne volonté des délégués, et certes leur ardeur au travail est grande puisqu'ils ont siégé matin et soir, consacrant leurs nuits à l'étude ou à l'élaboration des rapports, ils ne peuvent suffire à la tâche. Trop de ces discussions sont superficielles, écourtées, portent les traces de la hâte. On ne peut espérer, comme on l'a tenté, d'étudier en une seule séance un projet d'impôts sur les revenus des offices ministériels, un autre tendant à consacrer 4 millions à la construction de nouvelles écoles et un troisième pour l'allocation de subventions à des chemins de fer d'intérêt local.

Et on comprend que la Délégation des non-colons ait refusé, après une session de plus de vingt séances, d'aborder la discussion sur l'introduction de l'Act Torrens ; le vote obtenu eût été un vote de surprise. «J'ai été commissaire enquêteur pendant quelques années, dit le président de cette Délégation, je suis dans les affaires depuis quinze ans, c'est dire que j'ai une longue expérience de la propriété indigène. Je me déclare pourtant incapable de donner au travail de la commission mon approbation raisonnée. Si c'est un blanc-seing que vous me demandez, je vous le donnerai, mais mon vote n'aura aucune espèce de signification. Depuis neuf jours que ce travail nous a été distribué nous avons siégé en commission tous les matins, en séance tous les après-midi ; en outre, les membres de votre bureau ont été obligés de travailler à la rédaction des procès-verbaux et nos collègues à leurs rapports particuliers... Je le répète, nous n'avons pas eu le temps d'y réfléchir et, pour vous donner un avis favorable qui puisse corroborer votre projet, qui lui donne plus de poids auprès du Parlement, encore faudrait-il que cet avis fût basé sur une conviction sérieuse qui nous manque absolument. »

Les conséquences de ce surmenage apparaissent comme bien plus graves encore quand on considère les déplorables méthodes de travail imposées aux Délégations financières. Quand celles-ci furent créées, on se méfiait, à bon droit, de l'esprit public des Algériens. En 1898, dans la plupart des assemblées, couvait la haine et c'eût été une grave imprudence d'en créer une nouvelle où toute la colonie serait représentée et qui donnerait ainsi aux excès la force nouvelle de la centralisation. D'où la réglementation actuelle. Chaque délégation étudie, délibère et rapporte à part. A l'assemblée générale les quatre rapports sont lus et délibérés à nouveau. Pour le budget, c'est bien pis, car aux quatre Délégations vient se joindre la commission des finances, composée des représentants de chaque Délégation. Pour peu que l'on suppose dans chacune de ces délégations une sous-commission des finances, on arrive au chiffre de dix rapporteurs travaillant isolément. Quelle inutile perte de temps que ces discussions et ces votes en section qu'il faudra répéter plus tard en assemblée plénière !

A cela on répliquera que trop de lumière ne

nuit pas et que, puisque chaque Délégation représente des intérêts distincts, il est bon qu'on examine isolément les grands problèmes à l'étude. Le malheur est que, pour éclairer leur religion, tous ces délégués n'ont que les renseignements fournis par l'administration et, comme celle-ci tâtonne encore, s'oriente seulement, elle sait souvent bien peu. On ne saurait d'ailleurs lui reprocher un trop grand zèle à communiquer aux délégués le peu qu'elle pourrait savoir. Exception faite pour le budget qui est communiqué quelques semaines à l'avance, tous les autres documents nécessaires pour la discussion des questions inscrites à l'ordre du jour ne sont distribués qu'à l'ouverture de la session. C'est en séance aussi seulement que l'assemblée prend connaissance de la suite donnée aux vœux et elle ne peut que s'incliner, n'étant pas armée pour répondre. Lors de la dernière session on a distribué, quelques jours seulement avant la clôture, le très remarquable rapport de M. Pouyaume sur l'introduction de l'Act Torrens en Algérie ; la plupart des délégués n'ont même pas eu le temps de lire cette brochure de plus de trois cents pages.

Ce n'est donc pas faire injure aux délégués financiers que de dire qu'ils arrivent fort mal préparés à la lourde tâche qui leur incombe, ni mettre injustement en cause l'administration que de lui reprocher de ne pas faire assez pour porter remède à cette situation. Pour éclairer ces élus soigneusement isolés, on ne dispose que des commissaires du gouvernement. Il nous est agréable de rendre hommage aux qualités de ces hauts fonctionnaires algériens, mais un commissaire du gouvernement ne peut être partout, à son bureau pour y expédier les affaires les plus urgentes de son service, dans les commissions et dans chacune des quatre délégations.

L'ordre des travaux des assemblées est ainsi à la merci d'un seul fonctionnaire bien souvent obligé, d'ailleurs, lorsqu'il est présent, de réserver sa réponse parce que la question qu'on lui adresse ne relève pas de son service ou parce qu'elle est trop délicate pour qu'il puisse l'éclaircir au pied levé. Ainsi donc une incontestable bonne volonté anime cette jeune assemblée, les méthodes de travail seules sont défectueuses. Déjà M. Jonnart a reconnu ces imperfections. Il lui appartiendra de proposer des réformes. Nul doute que le Parlement ne leur fasse bon accueil et ne tienne ainsi à manifester sa sympathie pour une institution qui s'en montre si digne.

Les assemblées, plus encore que les hommes, sont portées à étendre leurs pouvoirs. Irresponsables en fait, elles ne redoutent pas, en augmentant leur compétence, d'augmenter leur responsabilité et, certes, ce n'est pas dans les ardentes assemblées algériennes qu'il faudrait chercher une exception à la règle.

Les Délégations financières n'étaient, à l'origine, qu'une simple assemblée consultative ; en 1898, en effet, l'autonomie financière n'avait pas encore été accordée à la colonie. La loi de 1900 leur conféra un pouvoir délibérant plns étendu qu'aux autres assemblées coloniales, car celles-ci sont sous le contrôle très effectif et très sévère du conseil d'Etat, alors que l'Algérie est placée directement sous la tutelle législative. Cette assemblée, qui est déjà plus qu'un conseil général, sera bientôt un parlement colonial. Déjà les délégués financiers ont à chaque instant le mot parlement à la bouche ; que ferait la Chambre des députés en cette circonstance est leur perpétuel souci. L'administration ne s'oppose pas à cette tendance. Les délégués financiers prennent rang immédiatement après les députés et sénateurs et ils ne sont pas éloignés de croire que la représentation parlementaire est surtout honorifique et que celle qui siège dans la colonie a au-dessus de tous le droit de parler en son nom.

Les Délégations tendent vers la souveraineté et l'administration algérienne semble ne pas s'en rendre un compte bien exact. Déjà nous avons signalé la regrettable négligence qu'elle apporte à fournir les renseignements nécessaires aux débats ; ils suffit de lire les procès-verbaux pour s'apercevoir qu'elle apporte beaucoup de désinvolture dans l'examen des vœux qui lui sont adressés. Ainsi se produisent des froissements d'autant plus graves que ce sont des froissements d'amour-propre ; lors de la dernière session un commissaire du gouvernement a dû menacer de se retirer et les passages suivants d'un rapport, approuvé par la Délégation des colons, montrent l'état des esprits :

« A un [vote ferme des Délégations, l'administration substituait l'expression de sa seule volonté.

« Eh bien, messieurs, l'occasion se présente de demander à cette administration quel rôle elle entend nous faire jouer. Sommes-nous une assemblée de contrôle des actes administratifs ou bien se sert-on de nous pour endosser des responsabilités gênantes ? Avons-nous au chapitre des dépenses que nous payons voix libérative, ou bien notre initiative doit-elle se borner à dire amen ? Ne sommes-nous enfin qu'un simple bureau d'enregistrement ?

« Autant de questions qui appellent une réponse, non pas une de ces réponses diplomatiques qu'on nous prodigue avec tant de bonne grâce. Elle ne saurait nous suffire. Ce que nous voulons, ce que nous sommes en droit d'exiger, c'est une réponse catégorique devant se traduire à bref délai par des actes. Avec les signataires des vœux, je vous demande, messieurs, d'affirmer nos droits par une protestation énergique contre la façon dont l'administration prétend en user avec nous. Si elle ne tient pas compte de nos avis et de nos votes, nous avons le droit de refuser de voter le budget des Travaux publics. Nous représentons, en somme, l'Algérie qui alimente le budget et l'Algérie qui paie ne peut comprendre que ses mandataires ne soient pas consultés sur l'emploi de son argent.

« Elle s'est montrée pleine de mansuétude jusqu'ici, mais que l'on prenne garde de l'exaspérer. »

Pour détourner l'orage, on ne connaît d'autre

moyen que l'intervention personnelle du gouverneur général. Il est toujours dangereux de mêler aux débats d'une assemblée délibérante la personnalité de l'exécutif, qui trop souvent oppose aux arguments développés la raison d'Etat. C'est ainsi que l'on fait dévier les questions de principes en questions de personnes. L'administration algérienne serait mal inspirée si elle engageait contre les Délégations financières une lutte où elle ne conserverait pas le meilleur. L'administration algérienne est faible ; d'abord parce que, dans ses territoires, une grande part d'initiative et par conséquent une grande chance d'erreur est fatale, puis surtout parce que le défectueux système des rattachements a, jusqu'en ces dernières années, empêché le gouverneur général d'avoir une autorité suffisante sur ses subordonnés et multiplié les conflits entre les différents corps.

Comme dans tous les pays méditerranéens, l'opinion publique se manifeste avec violence en Algérie. La métropole qui, pour cette colonie aussi, verra bientôt cesser l'onéreux système des subventions, sera naturellement disposée à suivre les indications d'une assemblée dont la gestion aura largement contribué à cet heureux résultat. Les pouvoirs publics algériens auront à se soumettre; si même, et ce sera rare, les délégations n'avaient pas le droit pour elles, elles auraient la force.

Ce n'est d'ailleurs pas seulement vis-à-vis des autorités locales que les Délégations financières représentent les intérêts de l'Algérie, elles en ont aussi la charge devant la métropole. La loi de 1900, qui est comme la reddition des comptes de tutelle de la colonie, a laissé en suspens une importante question, celle des chemins de fer d'intérêt général (1). Ces voies ferrées ont été concédées par l'Etat français, à l'expiration de la concession (1984) elles feront retour à la France et c'est l'Etat français qui supporte la charge des garanties d'intérêts, charge s'élevant annuellement à 25 millions environ. Ces garanties sont en principe forfaitaires, d'où cette conséquence que les compagnies, ayant intérêt à ne pas dépasser le forfait, qui seul fait l'objet de la rémunération, réduisent leur exploitation aux exigences minimes des cahiers des charges.

On devine les déplorables conséquences d'un

(1) Cette étude était écrite avant le vote du Parlement qui a tranché la question au bénéfice de la Colonie.

pareil état de choses pour un pays de production où les engagements entraînent des crises désastreuses et qui, complètement dépourvu de voies fluviales, est obligé de recourir aux transports par rail. L'Algérie, qui s'est émue d'une situation si préjudiciable, a hâte d'avoir la direction de ses voies ferrées ; elle se propose de les affermer à deux compagnies auxquelles elle imposerait un sévère cahier des charges. La métropole s'est montrée disposée à se dessaisir de ces voies et, en 1902, M. le gouverneur Revoil put faire, au nom des ministres des Finances et des Travaux publics, les propositions suivantes. L'Algérie serait mise immédiatement en possession de son réseau. La métropole contribuerait par un forfait aux garanties d'intérêt. La première annuité qu'elle verserait serait de 19 millions, puis la subvention irait en décroissant progressivement jusqu'à l'expiration de la concession. De plus, pour être indemnisée des sacrifices qu'elle aurait déjà consentis, la métropole prélèverait un tiers sur le fonds de réserve de la colonie chaque fois que celui-ci dépasserait 5 millions de francs.

Ces conditions furent acceptées par les Délégations financières et la question semblait devoir être promptement solutionnée. Cependant, les dernières campagnes agricoles avaient été particulièrement heureuses; tout naturellement le trafic des compagnies avait augmenté et les garanties d'intérêt avaient diminué. Prenant comme base d'évaluation ces dernières années, le ministre des Finances revint sur les propositions qu'il avait faites en 1902 et proposa de fixer la première annuité à 18, puis à 17 millions. Les délégations n'ont pas cru pouvoir accepter ces réductions. Les dernières campagnes, disent-elles, ont été exceptionnelles, déjà les résultats de l'année 1902 ont été moins brillants que ceux de l'année 1900 et en 1903 il en sera de même. Une somme d'un ou de 2 millions est peu de chose pour le budget métropolitain ; c'est beaucoup pour le nôtre et si, d'ailleurs, une somme de 19 millions était excessive, nos excédents de recettes ne vont-ils pas à la caisse de réserve dont la métropole perçoit une partie? Les négociations en sont là. Il semble que, puisque l'entente est faite sur le principe, une transaction n'est pas impossible. M. Rouvier offre 17 millions, les Délégations paraissent vouloir accepter 18.

En attendant que cette querelle du million

soit vidée, la France en paie 25 pour ses garanties et ne peut prélever sa part dans une caisse de réserve qui atteint déjà 10 millions. Quant à l'Algérie, son essor économique est entravé. Les compagnies sont les principales bénéficiaires de ces atermoiements ; l'intérêt de la France, comme celui de la colonie, recommande une entente.

Mais, parce que les Délégations financières affirment énergiquement les droits de l'Algérie, il ne faudrait pas leur prêter des tendances séparatistes et pourtant c'est là le principal argument que l'on a invoqué et que l'on invoque encore contre l'autonomie algérienne. A Alger même, un groupement dont les membres les plus marquants sont des politiciens et des universitaires mène campagne contre la jeune assemblée. Les Délégations sont recrutées dans l'élément français de la colonie, cet élément est une minorité. Mieux que personne les délégués savent que, si cette minorité détient le pouvoir, c'est à la métropole qu'elle le doit ; si, dans une heure d'égarement, la colonie tentait de rompre le lien qui l'unit à la France, une majorité de mentalité étrangère viendrait aux affaires.

Loin de favoriser l'éclosion de ce mouvement,

les délégués financiers seront les plus ardents à le conjurer. L'an dernier ils ont manifesté cet état d'esprit par la timidité qu'ils ont montrée à voter la suppression des conseils généraux. Non pas que ces assemblées servissent à grand'chose, mais simplement parce qu'elles étaient l'asile, le symbole des premières libertés, qu'elles faisaient partie du patrimoine de la vieille France.

La métropole peut avoir confiance dans les Délégations financières de l'Algérie, confiance dans leur amour de la patrie, dans le respect qu'elles témoigneront toujours aux lois qu'elle donnera à la colonie. Le dévouement que portent les délégués à leur pays d'adoption est connu, ils ne lui ont jamais marchandé leurs efforts ni leur temps. Maintenant que l'on a pu juger la jeune assemblée à l'œuvre, l'heure est venue de rompre avec le régime des décrets de 1898 qui, pris dans un moment de trouble, semblent s'être inspirés d'une méfiance qui n'a plus sa raison d'être. Il faut d'abord que le gouverneur général ne soit plus mêlé aux débats. Il n'a jamais été mis en minorité jusqu'ici, mais il peut l'être quelque jour et l'effet produit sur les indigènes serait alors détestable et, s'il ne l'est jamais, c'est que les délégués éviteront de donner tout leur développement aux arguments susceptibles d'ébranler l'autorité du gouverneur général. C'est là une réforme qui n'a rien de révolutionnaire ; dans toutes nos assemblées coloniales le gouvernement se borne à ouvrir la session et c'est le secrétaire général qui représente l'administration locale aux séances.

Il faut ensuite que les méthodes de travail soient radicalement transformées.

L'étude simultanée d'une question par quatre ou cinq rapporteurs, travaillant tous sur les mêmes documents fournis par l'administration, est une inutile perte de temps. L'assemblée plénière doit devenir la règle, les différentes Délégations, véritables commissions du nouveau parlement algérien, n'étudieraient que ceux des problèmes intéressant uniquement leurs mandants. Les questions intéressant toute l'Algérie seraient directement inscrites à l'ordre du jour des assemblées plénières, après avoir été étudiées par une Commission où siègeraient les représentants de chaque délégation.

Enfin, et c'est la réforme la plus importante, la plus urgente, les travaux des sessions doivent être préparés plus longuement, plus sérieusement qu'ils ne le sont aujourd'hui. On pourrait atteindre, en partie, ce résultat en faisant distribuer longtemps à l'avance, et non au cours des sessions, le cahier mentionnant les suites données aux vœux et les documents explicatifs des questions à l'ordre du jour.

Surtout on atteindrait ce but en instituant une Commission permanente analogue à nos commissions départementales, et en vérité on se demande pourquoi les délégués financiers qui, depuis quatre ans, on donné la mesure de leur sagesse, seraient privés d'un privilège accordé aux nègres des Antilles. La création de cette commission préliminaire est une nécessité.

Le budget de la colonie qui dépasse 100 millions ne peut être sérieusement étudié et rapporté pendant la session et les faits que nous avons cités prouvent surabondamment que les discussions souffrent du véritable surmenage que l'on impose aux délégués. Cette Commission où siègeraient les représentants des quatre Délégations ne pourraient être qu'un heureux intermédiaire entre l'assemblée et l'administration. La marche des affaires ne souffrirait pas du fait que quelques hommes éminents, pleins de bon sens, mûris par l'expérience, seraient consultés et stimule-

6

raient par leur contrôle l'effort des fonctionnaires.

Il est à penser que M. Jonnart, dont nous savons tous l'esprit net et la décision éclairée, ne reculera pas devant ces réformes, devant ce progrès.

III

LA MISE EN VALEUR DE L'AFRIQUE OCCIDENTALE FRANÇAISE (1)

I

L'Afrique occidentale était française depuis des siècles déjà, que nous n'y avions qu'un seul établissement, un comptoir, Saint-Louis. On songeait si peu à la mise en valeur que la reconnaissance même n'en avait pas été faite. Cela est naturel et pour expliquer ce qui en apparence était seulement de l'apathie, il y a plusieurs excellents motifs.

(1) Extraits du rapport déposé au nom de la commission des affaires extérieures et des colonies, au sujet de l'emprunt de soixante-cinq millions de l'Afrique occidentale française.

D'abord nos rois, concédant les colonies à des compagnies privilégiées, il était fatal que le concessionnaire qui avait un monopole se souciât peu d'augmenter une production dont le principal effet eût été de provoquer une baisse des prix. Eut-on voulu d'ailleurs augmenter le trafic, que les lenteurs et les risques du voyage, la nécessité d'une occupation suffisamment forte pour être redoutable, eussent exigé des capitaux que les particuliers n'avaient pas et que l'État ne songeait pas à leur offrir. A peine deux ou trois fois l'an une petite flottille d'un millier de tonnes venait charger les produits et de si minimes clients étaient bien suffisamment pourvus par les marchandises qu'apportaient les naturels. Il n'y avait point de raison pour stimuler les producteurs puisque les besoins des consommateurs étaient des plus limités. Si même on avait pensé à la pénétration du pays, celle-ci demeurait des plus difficiles. Non pas seulement du fait des obstacles du climat ou de la configuration du sol ; ils n'étaient pas extrêmes, mais comme toujours, c'était dans l'immédiate périphérie, dans la banlieue même de la colonie, que les populations se montraient les plus hostiles. Ces turbulents voisins nous connaissaient trop peu pour nous aimer et trop bien pour être frappés d'une terreur salutaire. C'était à l'embouchure du Sénégal que demeuraient ces Maures Braknas et Trarzas dont les instincts de rapines trouvaient leur profit dans les coutumes qu'ils faisaient payer aux traitants. Tels ces chevaliers bandits qui, au moyen âge, s'établissaient sur les voies de communication les plus importantes, les Maures percevaient au débouché de la colonie leurs péages et pour les réduire c'était peu de quelques dizaines de marins, méfiants de la terre et qui n'avaient pas encore ce formidable armement qui aujourd'hui facilite toutes les audaces. Mais surtout, et c'est la raison primordiale, on n'avait pas à l'époque l'enthousiasme des conquêtes et des voyages, l'Afrique n'avait pas ses apôtres. C'est le siècle qui vient de se clore par de si magnifiques épopées coloniales, qui a éveillé cette curiosité inquiète et féconde, qui a inspiré à l'homme la haine de l'inconnu et le mépris de la fable et c'est lui qui a jeté sur ce continent cette pléiade de héros qui ont voulu éclaircir tous les mystères alors que leurs prédécesseurs ne faisaient que s'en étonner. Si sous l'ancien régime l'Afrique occidentale, le Sénégal même, pourrait-on dire, n'était qu'une expression géographique, c'est parce que personne n'avait osé donner un objet à nos droits et qu'à la foule des pionniers qui en dix ans ont exploré le pays en cent endroits différents, l'histoire n'oppose qu'un nom, celui d'André Brue.

Cette mesquine conception économique qui réduisait la colonisation au commerce et le rôle des commerçants à celui de commissionnaires devait peser pendant une grande partie du XIXe siècle sur la mise en valeur de la colonie.

La Restauration fit au Sénégal de la colonisation d'amour-propre, elle s'y maintint parce qu'elle avait eu peine à s'y installer et parce que de nouveaux désastres et de nouvelles humiliations l'avaient rendu plus français.

La monarchie de Juillet, trop timorée pour reprendre nos traditions d'expansion, se bornait à promener ses navires sur toutes les côtes et trompait son activité en leur prescrivant la chasse d'insaisissables négriers. Par une relative ironie, ce fut l'Algérie, où notre domination était branlante, qui devint l'Afrique française.

Quand Faidherbe vint (1854) et qu'il mit son activité et son génie pratique au service de ce pays qui n'avait point eu encore de gouverneur de cette envergure, on continua à coloniser en commerçant ; on délivra notre comptoir de l'étreinte injurieuse des Maures et on ne pensa dès lors qu'à dégager le chemin qui y donnait accès ; le Sénégal, pour le prolonger ensuite jusqu'au Soudan. Le Sénégal n'était lui-même qu'une base d'opérations ; tout était sacrifié à la pénétration. Quant aux établissements de Guinée, ils ne comptaient pas ; ils avaient atteint leur apogée sous le régime des Assiente's. Depuis qu'ils n'exportaient plus d'esclaves ils ne valaient ni occupation, même restreinte, ni même un traité. Et si quelques marchands tenaces n'y fussent demeurés pour couvrir leurs opérations du pavillon national, le nom même de notre pays y eût été oublié. On ne pensait pas à faire des Rivières, d'Assinie ou de Porto-Novo, des têtes de lignes pour pénétrer dans l'intérieur, car on était persuadé que toute cette plage de lagunes insalubres et traîtresses n'était qu'un mince trottoir que la haute chaîne des montagnes de Kong isolait du Soudan. Suprême effet de suggestion ! des monts imaginaires pesaient de leur masse sur le sens pratique et positif de nos commerçants.

Ainsi donc quand, en 1880, on songea à reconnaître ce que l'histoire nous avait légué, voici quel était l'inventaire de l'Afrique occidentale française :

Au centre, le Soudan, pays d'autant plus merveilleux qu'il était totalement inconnu. La fertile imagination des noirs doublait les richesses de ces régions. Le Niger, fleuve fabuleux, dont on ignorait et la source et le cours et l'embouchure les traversait, les fécondait et se perdait, croyait-on, au centre même du continent où il s'unissait par des sources mystérieuses au Nil. Et pour fasciner définitivement les imaginations, Tombouctou, métropole religieuse où Barth et Caillé avaient vécu cloîtrés et que l'on supposait la capitale d'un immense empire noir, riche en mines et en troupeaux, dont le Sardanapale vivant dans la luxure du sang et des femmes était protégé par des armées dont l'ardeur belliqueuse égalait le nombre.

Pour atteindre cet Eden un seul chemin : le Sénégal, puisqu'au sud l'infranchissable barrière des monts de Kong élevait ses murailles, le Sénégal, rivière navigable par caprices et par intermittences, défendue longtemps par les Maures et sur les rives de laquelle tout un monde de faux prophètes et de prétendants usurpateurs devait nous disputer le passage. Tel était l'héritage de légendes que recueillait la troisième République et dont elle aura eu l'immortel honneur de faire jaillir la vérité.

Faidherbe avait indiqué la voie et son ardente activité eût levé le voile si les désastres de la patrie n'eussent mis fin à son œuvre. Brière de l'Isle (1876), Borgnis-Desbordes (1881) devaient entraîner la France à leur suite. Par bonds successifs et annuels on remonta le Sénégal de Bafoulabé à Kita et enfin (1883) de Kita à Bammakou. Devant les yeux étonnés des soldats, le Niger, large, paisible et majestueux, roulait ses eaux dans la plaine nue et infinie. Par ce col de Bammakou devaient s'engouffrer les cohortes qui allaient nous donner ces régions. Leur patriotisme était stimulé par leur impatience de secouer le joug de l'ignorance plusieurs fois séculaire de ces pays. En même temps qu'on engageait dans le Sud la campagne contre Mahmadou Lamine et Samory, la marche en avant fut reprise par l'occupation de Ségou (1890). Et tout à coup, par une marche audacieuse, Tombouctou fut à nous et le drame sanglant de Goundam, dont Bonnier et les siens furent les martyrs, fut le dernier chant de cette glorieuse épopée.

Parallèlement à l'œuvre de conquête se poursuivait l'œuvre d'exploration. Le nom de Binger la domine. Seul, sans escorte, il s'enfonça de Bammakou dans le Sud, atteignit Sikasso, puis Kong et impatient de tout savoir en repartit pour le Mossi, pour revenir à Grand-Bassam, détruisant ainsi la légende des monts de Kong. Dès que le voyage de Binger eût établi que la pénétration au Soudan était tout aussi possible par le sud que par l'ouest, l'âpreté des nations se porta sur ces points si négligés. En hâte furent réorganisés la Guinée, la Côte d'Ivoire, le Dahomey (1889); des missions furent envoyées et pendant que dans tout le golfe les stationnaires des puissances vendaient pour quelques barils d'alcool leur protection et leur tutelle, leurs officiers commençaient une course au clocher généralement pacifique, mais quelquefois sanglante (expédition du Dahomey 1890-1892), pour s'assurer l'arrière-pays. Souvent le succès consacra nos efforts, mais quelques-unes de nos défaites furent d'autant plus douloureuses qu'elles étaient plus imméritées.

Sans être définitives, les rapides explorations des conquérants avaient présenté ce Soudan tant vanté comme un pays certes de bonnes ressources, mais appauvri par les guerres intestines et d'autant plus difficile à exploiter que la population en était clairsemée. Quoiqu'il fut démontré que le pays s'appauvrissait à mesure qu'on s'éloignait de la côte, les idées de pénétration exagérée étaient plus que jamais en faveur. L'esprit simpliste des foules se complaisait à Tombouctou, métropole, cœur du Soudan, d'où rayonneraient toutes les voies ferrées et où se concentreraient, tant pour l'importation que pour l'exportation, toutes les richesses.

Le Kayes-Bammakou fut poussé avec une nouvelle fièvre et la voie ferrée étant trop lente, on pensait (le procédé n'était pas plus extravagant que l'utopie) y suppléer par des automobiles. La Guinée avait mission de joindre le Niger à Kouroussa ; des esprits éminents proposaient un vaste Transnigérien, dont bien entendu le terminus était Tombouctou et toute cette centralisation de rails et de locomotives était couronnée par le Transsaharien. Il n'y avait jamais assez de wagons pour transporter les rêves ; on courait toujours après de nouvelles chimères. Cependant, dans l'attente du transit soudanais ou saharien, les jeunes colonies devaient bien vivre et les factoreries commençaient avec les indigènes de la côte un troc fructueux.

Il apparut que l'on pouvait faire de bonnes affaires sans aller immédiatement jusqu'au Niger et c'est ainsi que s'introduisit par tolérance, presque à titre provisoire, la mise en valeur. Le Sénégal, dont les transactions étaient stationnaires depuis le départ de Faidherbe, reprenait avec une nouvelle vigueur la culture de l'arachide qui fait sa richesse.

En 1891 la colonie ne faisait guère que pour 31 millions de commerce, en 1895, 40 millions, mais en 1899 le chiffre passe à 65 millions, à 79 millions en 1900 et à plus de 100 millions en 1901, en dix ans le commerce avait triplé. En même temps la Guinée française, la côte d'Ivoire, le Dahomey exploitaient leurs richesses naturelles, exportaient du caoutchouc, des noix de palmes, des bois. En Guinée, le commerce qui n'était pas de 8 millions en 1891 atteignait déjà 10 millions et demi en 1896 et s'élevait à près de 25 millions en 1899. La Côte d'Ivoire, qui en 1890 n'indiquait comme chiffre total de transactions que 2 millions et demi, dépasse 6 millions et demi en 1896, 10 millions et demi en 1898, 17 millions en 1900. Et le Dahomey, dont le commerce n'était en 1892 que de 13 millions et demi dépassait 21 millions en 1895, 23 millions en 1899 et 24 millions en 1901. A cela des esprits chagrins ne manqueront pas de répliquer que ce commerce profite principalement aux étrangers et que si nous avons des colonies, c'est pour que nos voisins en tirent avantage. En Afrique occidentale française, plus de soixante pour cent des transactions se font avec la France. Dans le Sénégal, qui représente près des deux tiers du commerce total, la part de la France est des 3/4 aux importations et des 5/6 aux exportations et s'il est vrai qu'en Guinée française, la métropole ne bénéficie que pour un tiers des importations et pour un neuvième des exportations, rien n'autorise à affirmer que cette infériorité du produit français soit fatale, car au Dahomey, où les barrières douanières n'existent pas plus qu'en Guinée, la part de la France représente déjà plus de la moitié dans les exportations. Il est vrai que Marseille a porté tout son effort sur cette jeune colonie. Les budgets des colonies de l'Afrique occidentale marquent en chiffres plus éloquents encore l'enrichissement de ces pays. Au Sénégal, les recettes qui, en 1898, n'étaient que de 3.929.367 francs, atteignaient 4.914.232 fr. en 1902. En Guinée on accusait, en 1898, 900.000 fr. de recettes et 3.430.000 fr. quatre ans plus tard. Dans cette même période de quatre ans, la Côte d'Ivoire augmente ses perceptions de plus d'un million de francs (de 1.266.000 à 2.231.100) et le Dahomey double presque les siennes (de 1.730.000 à 3.039.900). Et ces accroissements prodigieux étaient dûs presque uniquement aux perceptions douanières, c'est-à-dire au commerce.

II

Dans les pays jeunes et vierges comme le sont ces colonies d'Afrique occidentale, l'effort économique des nations doit s'appliquer d'abord à créer une bonne circulation.

La luxuriante nature des tropiques prodigue les richesses, mais faute de débouchés, elles naissent, vivent et meurent sur place.

Les organismes ne deviennent utiles qu'après leur mort. Ils fécondent alors la terre de leurs cadavres et l'alimentent de leur sève pour qu'elle puisse continuer sans interruption son formidable effort de gestation.

De ce sol en perpétuelle fermentation transpirent naturellement les produits qu'il suffit de drainer. Ainsi, le latex des opulents caoutchoucs crève, par le gonflement de ses veines, l'écorce, et n'a besoin que d'être recueilli. Ainsi les malingres acacias du Nord, rongés par les parasites, secrètent la gomme et leurs maladies mêmes sont profitables à l'homme. Ainsi de la cime des palmiers jaillissent les lourds régimes ployant sous le faix des noix huileuses qu'il suffira de travailler. Et le kolatier, le cotonnier presque sauvages, et le riz, le sorgho, dont la génération spontanée promet par avance la nourriture aux pionniers, tout s'offre généreusement, il n'est besoin que de savoir prendre.

Pendant longtemps, il en sera ainsi. Dans ces pays où la population est clairsemée, la sobre indolence des noirs vivra aisément. De leurs inépuisables réserves, la France, souveraine de ces colonies d'exploitation, tirera de quoi alimenter son commerce et son industrie. Puis, un jour, quand on sera près de toucher au terme des libéralités de la nature, quand les besoins grandissants du trafic ne s'accommoderont plus des caprices déréglés du sol, on portera l'effort sur la production.

L'homme s'imposera en maître, dressera la nature, la disciplinera, la maîtrisera et la vaincra après lui avoir obéi. Selon la forte expression de Flaubert, il adaptera à l'opulence de la terre les inventions de la sagesse.

C'est alors que le Sénégal, soucieux d'assurer

du fret aux navires, ses clients, créera l'arachide, que les Rivières, alarmées de l'anémie des lianes de caoutchouc, imposeront au sol le caféier et que par une louable prudence et un sage souci du lendemain, la Guinée, la Côte d'Ivoire et le Dahomey institueront les jardins d'essai où les observations et les expériences des savants préparent aux pays de nouveaux produits, plus riches, mais auxquels la nature, forte de plusieurs siècles de tradition, se montre parfois rebelle.

Ainsi, dans l'œuvre coloniale, l'effort de production succède à celui de circulation. Les voies de communication qui, à l'origine, se bornaient à drainer les richesses du pays sans rien lui rendre en retour, deviennent fécondantes, apportent de la côte les hommes et l'outillage qui feront l'éducation de la nature. Créées par le besoin pour alléger le pays de ses excédents, elles deviendront créatrices à leur tour. Ce sont précisément ces voies de communication dont il importe de doter, bien tard déjà, notre admirable domaine africain.

Jamais mise en valeur ne se heurta à de pareilles difficultés. La configuration du pays est la principale cause de son mystère. Il faut des ports, mais où les creuser ? Le littoral entier est protégé par la barre et l'Océan, d'habitude lourd et sans rides, se dresse aux approches des côtes en une muraille de vagues déferlantes. Les rivières sont impétueuses aux hautes eaux, insuffisamment profondes à la saison sèche, leur lit est tourmenté et s'est frayé à grand'peine un passage à travers les granits. Quant aux grands fleuves dont le débit inégal est déjà une entrave à la navigation, ils sont coupés par les rapides. Il serait dangereux de nier ces périls et dans ces pays jeunes, dont les finances sont certes prospères mais restreintes encore, il serait puéril de violer la nature sans une mûre réflexion.

Dans toute l'Afrique occidentale française, il n'y a véritablement qu'un grand port futur : Dakar.

Je ne pense pas qu'il faille espérer ouvrir Konakry, Grand-Bassam, Kotonou même aux navires de fort tonnage. Pour aménager ces refuges, il faudrait de gigantesques travaux. Il doit suffire qu'ils demeurent accessibles à des navires moyens, communiquant avec la terre soit par un chenal à travers la barre, soit par un wharf qui la franchit et extériorise en quelque sorte le littoral.

Ces ports secondaires constitueront ainsi comme les entrepôts de leurs respectives colonies. Leur outillage consistera surtout en docks et magasins offrant aux marchandises de sûrs et peu coûteux abris. Les caboteurs rompus aux périls de la côte, certains de pouvoir accoster quelque temps qu'il fasse, transporteront les produits à Dakar, aujourd'hui déjà relié aux grands ports de la métropole par des services hebdomadaires.

Et ce que disait remarquablement M. Cheysson s'applique autant à la construction des travaux quelconques, qu'à celle des chemins de fer.

« Il faut se garder de transporter de toutes pièces aux colonies l'ensemble des méthodes et des formules appliquées en Europe..., il faut courir au plus pressé, épouser le sol au lieu de le violenter, en un mot, se contenter de solutions de fortune, sauf à les rectifier par des améliorations successives, au fur et à mesure du développement du trafic. »

Cette puérile manie de vouloir étonner le monde civilisé et les populations indigènes par des blocs de maçonnerie et de grandioses ouvrages d'art, manie qui certes flatte notre vanité, mais trop souvent nous a amenés à ne brosser que des façades à nos colonies, est plus dangereuse encore pour les voies ferrées que pour les ports.

Le rail, plus populaire que la jetée, peut devenir une menace. Il faut nous méfier de la pénétration irréfléchie et garder quelque scepticisme de ces centres de trafic dont l'harmonieuse ordonnance nous séduit sur les cartes. Il faut résister à la confusion que nous avons toujours faite de l'exploration et de la mise en valeur.

L'esprit inquiet, audacieux, curieux, du voyageur pour lequel tous les inconnus se valent parce qu'ils sont au même titre des défis à sa science, a pour formule même la pénétration. Ses buts ne sont que de nouveaux points de départ, bases d'un ravitaillement plus facile. Tant de désintéressement sera dangereux pour l'économiste qui, avant d'entreprendre l'œuvre, doit autant que possible se demander, comme le font les anglo-saxons, « cela paiera-t-il ? » Il est bien évident que pour l'instant la pénétration « ne paiera pas » en Afrique occidentale et paiera d'autant moins que nous nous éloignerons de la côte. En effet, à mesure que nous nous enfoncerons vers l'intérieur, le pays s'appauvrira.

Si à une centaine de lieues de la mer on est dans la riche zone tropicale qui produit le caoutchouc et le palmier à huile, si à quelques degrés plus au nord on trouve encore de fertiles plateaux comme le Fouta-Djallon ou ces gras pâturages qui marquent l'emplacement des imaginaires monts de Kong, le pays devient plus steppeux quand on progresse vers le Nord. Déjà la boucle compte des villages qui sont presque des oasis et au delà du fleuve les arides plateaux sahariens annoncent le désert.

Le long des côtes sont les populations les plus denses et les mieux éduquées. C'est là que l'on trouve les hardis marins dont l'audace permet de franchir la barre, un inépuisable recrutement de ces admirables soldats qui forment l'élite des troupes coloniales, là aussi les précieux ouvriers employés du Sénégal au Congo et sans la robustesse desquels on n'aurait pu concevoir les voies ferrées.

Quand, au contraire, on remonte vers le Nord, les populations deviennent plus paresseuses et plus guerrières. L'Islam ne leur a pas apporté seulement sa luxure contemplative ; hélas ! il leur a enseigné aussi la traite, et dans ces pays où la chasse à l'homme a jadis excité l'instinct du pillage, la fructueuse razzia continue à fasciner les imaginations. Les considérations géographiques et sociales concourent donc à conseiller une grande circonspection dans la pénétration vers le centre du Soudan.

Avant d'apprendre à ces peuplades les bienfaits du commerce français, il n'est pas inutile de leur faire apprécier les bienfaits de la paix française et quand les habitants de ces régions, rassurés et confiants, auront appris à nouveau leur ancien métier de cultivateurs ou de pasteurs, que les dissensions leur ont fait oublier, il sera temps de songer à la mise en valeur.

Les quelques années consacrées à préparer ainsi d'immenses réserves ne seront pas perdues.

D'ailleurs les richesses déjà disponibles sont assez considérables pour tenter toutes les initiatives.

Cette politique de pénétration à outrance est cependant, dit-on, celle des autres puissances.

Pourquoi, seuls, serions-nous timorés, et par quel miracle l'Europe se tromperait-elle ? Et complaisamment on cite en exemple le bassin du Congo : l'Angleterre faisant 4.000 kilomètres de rails pour atteindre le Katanga, les Belges poussant fiévreusement leurs voies là où le fleuve se dérobe à la navigation ; les Allemands, qui, après avoir en quelques années amené la locomotive à 400 kilomètres de la côte, projettent, grâce à la voie ferrée, la conquête des grands Lacs, les Portugais même, dont le réseau concédé dépasse 3.000 kilomètres. Et l'on ajoute encore que le bassin du Niger, identique à celui du Congo, comporte le même système d'exploitation.

Ces faciles comparaisons s'appuient sur les pires erreurs. La vérité est que le bassin du Congo est absolument l'opposé de celui du Niger. Alors que dans celui-ci la fertilité décroît en raison de la pénétration vers le centre, dans celui-là elle s'accroît.

C'est sur la côte même que se trouvent les seuils difficiles et ingrats qu'il faut franchir et c'est à plusieurs milliers de kilomètres, dans l'intérieur des terres, que se trouvent les sols vierges et féconds où le Congo, le Zambèze et leurs innombrables affluents trouvent des sources intarissables. Il est tout naturel que l'effort des nations se porte sur ce carrefour de fleuves, mais logique aussi que ce pays étant diamétralement le contraire de notre Afrique occidentale nous en usions autrement que nos voisins.

Si d'ailleurs on tient à s'inspirer de l'étranger, il est bon de choisir ses exemples.

Les établissements anglais auraient pu nous convaincre que la pénétration n'est pas toujours le but unique.

Ainsi, les Anglais ont avec l'embouchure du Niger, le bief du fleuve le plus navigable, celui en aval de Boussa et le seul affluent à peu près navigable toute l'année, la Bénoué. Par cet affluent ils sont à moins de 500 kilomètres du Tchad. Le Tchad est certainement plus fertile que notre Tombouctou et cependant qui donc jusqu'ici en Angleterre avait proposé la pénétration? Est-ce là de l'apathie ou de l'économie mal entendue? Bien au contraire. Mais disposant de 500 kilomètres de rails ils ont préféré les poser d'abord de Lagos à Ibadan. Ils étaient certains de trouver des produits aussi riches que ceux de l'intérieur et qui ne se présenteraient pas sur les marchés, grevés de lourds frais de transport.

L'exemple est topique.

A Sierra-Leone, ils n'ont pas agi différemment.

Pendant que nous redoutions à tout instant de les voir déboucher au Niger par la vallée des Scarcies, ils construisaient imperturbablement leur Freetown-Bo, non pas perpendiculairement mais parallèlement, à la côte. La voie des Scarcies qui eût coûté fort cher puisqu'elle passait par des gorges presque infranchissables, qui eût rendu fort peu puisqu'elle aboutissait à une région de montagnes enchevêtrées difficilement exploitables, n'a pas tenté ce peuple pratique.

Il se souciait fort peu d'un débouché sur le Niger en un lieu où il n'est pas navigable, où il ne le sera peut-être jamais.

Pendant ce temps nous consacrions nos ressources au Kayes-Bammakou, appelé je le crains à mourir d'inanition si on ne se hâte de le raccorder à la côte et au Konakry-Kouroussa que nous allons toujours pousser jusqu'à Timbo.

Si donc dans la réalisation de notre programme de voies ferrées il est essentiel de ne jamais perdre de vue que le chemin de fer n'est pas un moyen d'exploration, s'il est bon surtout que nous ne nous laissions pas séduire par les faciles comparaisons qui ne résistent pas à un sérieux examen, il est une troisième idée de laquelle il faut se méfier. C'est celle du mariage rêvé entre la voie fluviale et la voie ferrée.

Nous croyons toujours qu'ils peuvent se suppléer et notre système de voies de communication s'abâtardit souvent de cette conception discutable. On reconnaît bien que les cours d'eau de la côte, le Pongo, le Nunez, la Casamance, le Cavally, la Comoé, la Sassandra, l'Ouémé ne pourront jamais servir qu'à une médiocre batellerie, mais on table fermement sur le Sénégal et le Niger. C'est même sur cette base fragile de la navigabilité de ces deux fleuves que repose jusqu'ici l'exploitation et l'approvisionnement du Soudan.

Or, que l'on compte les manipulations d'un produit expédié par exemple d'une de nos manufactures du Nord, au Soudan.

Le colis va par rail de l'usine à Bordeaux, par mer de Bordeaux à Dakar, par rail de Dakar à Saint-Louis, par le fleuve de Saint-Louis à Kayes, par rail de Kayes à Bammakou, par le fleuve de Bammakou à Djenné ou Tombouctou (1). C'est bien mal connaître les exigences du commerce que de soumettre les marchandises à de si nombreux transbordements. Les lenteurs, les avaries, les frais de magasinage absorbent bien au-delà l'économie réalisée par la différence de fret entre la voie de terre et la voie d'eau.

(1) En thèse générale, car le fait que certains bateaux remontent jusqu'à Kayes se présente trois mois sur douze.

Mais surtout et, c'est là une considération décisive contre le système, la navigabilité du Sénégal est intermittente. Pendant quatre mois de l'année, il est à peu près régulièrement navigable; pendant quatre autres, il ne l'est pas du tout; pendant le dernier tiers de l'année, il l'est par caprice.

Or, ce qu'il faut au commerce, c'est de la stabilité. Pour que les produits d'Afrique puissent conquérir une place sur les marchés, il est nécessaire qu'ils puissent y arriver sans encombre en toute saison.

On devine sans peine les perpétuels engorgements qui se produisent actuellement, soit à Saint-Louis pour les marchandises importées dans la colonie, soit à Kayes pour celles qui en sont exportées.

Pendant la saison des pluies, le Kayes-Bammakou sera débordé, les comptoirs presseront la compagnie de transporter les marchandises avant la baisse des eaux.

Pendant la saison sèche, le trafic sera nul, et il importe d'éviter pareil mécompte avec le Konakry-Koroussa. Sinon la batellerie, active pendant les hautes eaux, encombrera le chemin de fer à cette saison, et, tout en étant sacrifiés au transit nigérien, les produits de la haute Guinée ne pourront trouver place sur les wagons surchargés et quant à ceux du Fouta-Djallon, ils continueront à pourrir sur place, si le chemin de fer refuse le crochet qui doit les prendre.

Ainsi donc, sur la côte, des ports outillés pour un actif cabotage, c'est-à-dire avec moins de travaux marins que de travaux terrestres, dont les quais, les docks, les grues, plus nombreuses que puissantes, hâtent la manipulation des produits. Dans l'intérieur, pas ou peu de transports mixtes, coûteux et lents, utilisables seulement pendant quelques mois de l'année. La voie ferrée franchement adoptée comme base de trafic et non pas un rail jeté dans le pays pour l'onéreuse satisfaction de notre vanité nationale, mais s'étalant vers la côte, s'y ramifiant, constituant comme l'ossature économique du pays. Dans les mailles de ce réseau, se développeront alors les cellules, autant de foyers d'exportation.

C'est ce programme de voies côtières qui a été suivi par les Anglais dans leur entreprise de Bô et d'Ibadan, qui nous a donné les lignes Oran-Tunis, Tunis-Gabès, c'est ce programme aussi qui vient d'être adopté en Indo-Chine, pays certes mieux doué au point de vue fluvial que notre Afrique occidentale. On n'a pas hésité à faire doubler le Mékong et le Song-Koi par le rail, ni à cotoyer le littoral par une ligne — fille moderne de l'ancienne voie mandarine — qui, loin d'être une concurrence pour les caboteurs, les alimontera au contraire de son trafic.

C'est ce programme enfin dont devront, selon nous, s'inspirer à l'avenir les Gouverneurs et les Ministres soucieux d'assurer le plein développement d'une de nos plus admirables colonies.

III

De tout cela qu'a-t-il été fait ? Peu de chose. Pour l'outillage des ports surtout, c'est bref. Au Sénégal, Saint-Louis, débouché du fleuve, est coupé de la mer par la barre, et Dakar, dont la rade établit la prépondérance maritime, ne communique avec l'arrière-pays qu'en transitant par sa rivale. Ces deux métropoles commerciales, qui n'ont ni quai, ni docks dignes de ce nom, sont à peine habitables. C'est dans les climats tropicaux surtout qu'une sévère hygiène est nécessaire et la banlieue des capitales est en marécages, les eaux ménagères croupissent dans les rues et les égouts n'existent même pas pour l'évacuation des matières fécales. Ce sont de si coupables négligences qui ont assuré à nos colonies une répution d'insalubrité qui n'est pas le fait du climat, mais celui de l'incurie.

Le long de la côte de Guinée nos ports se sont

installés à côté de ceux des Anglais qui, il y a vingt ans seulement, avaient le monopole du commerce de ces parages.

Konakry, sans avoir la position privilégiée de Freetown, mais suffisamment abritée par les îles de Los, décuplait son trafic aux dépens de sa voisine et Kotonou, dont les lagunes sont aisément accessibles, vainquit Lagos. Les ressources ordinaires des budgets locaux, l'initiative privée quelquefois même, ont commencé dans ces ports des travaux qu'il importe de pousser activement si l'on ne veut s'exposer à être distancé dans la concurrence.

On a fait plus pour les chemins de fer et il semble de principe dans notre économie coloniale que les régions les plus riches et les plus facilement exploitables soient celles dont l'éloignement de la côte est considérable. Dans tout cet immense triangle : Dakar, Bammakou, Konakry, c'est à peine si l'intérieur est exploré que déjà les côtés sont ceinturés de fer.

Encore la pénétration du Niger par le Dakar-Bammakou et le Konakry-Koroussa se justifie-t-elle ; il est naturel, en effet, que l'on ait voulu en finir le plus rapidement possible avec le mystère du Niger, mais on se demande pourquoi le

Konakry-Koroussa, dans sa hâte d'atteindre le fleuve, a négligé le Fouta-Djallon, dont tous les explorateurs ont vanté la richesse et pour gagner quelques kilomètres évité même dans le projet primitif le marché important de Timbo.

Et si les tracés sont trop souvent fantaisistes les gaspillages financiers du passé ont donné parfois à ces lignes la plus douloureuse des notoriétés.

1° *Dakar-Saint-Louis.*

Quand du grandiose projet de l'amiral Jauréguiberry, qui, sceptique sur la navigabilité du Sénégal, demandait un chemin de fer de Dakar à Bammakou (1.400 kilomètres), le Parlement n'eût retenu que les tronçons de Dakar-Saint-Louis et du Kayes-Bammakou, la concession du Dakar-Saint-Louis accordée à la Société prenante lui garantissait un double intérêt (concession du 30 octobre 1880).

D'abord l'Etat garantissait l'intérêt du capital engagé pour la construction.

« Le ministre de la Marine et des Colonies garantit, au nom de l'Etat, pendant la durée de la concession, par kilomètre exploité de la ligne de Dakar à Saint-Louis, un revenu net annuel de 3.400 francs, lequel représente l'intérêt à 5 0/0 des frais de premier établissement, évalué à 68.000 francs. » (Art. 2.)

L'Etat garantissait en outre le capital nécessaire à l'exploitation.

« On ajoutera à la somme de 3.400 francs le montant des frais d'entretien et d'exploitation, puis on déduira du total de ces deux sommes le montant du revenu brut, la différence représentant la somme à allouer à la Compagnie pour couvrir l'insuffisance des produits du chemin de fer. » (Art. 6 de la convention.)

Il est bon de remarquer que si la concession fixait prudemment un forfait de construction (68.000 fr.) elle ne fixait aucun forfait d'exploitation ni même ne prévoyait un moyen de fixer quelque jour ce forfait. N'était-il pas évident dès lors que la Compagnie ferait fonctionner un « déversoir » d'un nouveau genre, qu'elle ne dépenserait jamais plus de 68.000 francs au kilomètre pour les constructions, puisque le surplus n'était pas garanti et porterait au compte des « frais d'entretien et d'exploitation » garantis indéfiniment, les travaux de premier établissement pour lesquels il n'y avait plus de crédits au compte de la construction.

En résumé, la Compagnie ne risquait financièrement absolument rien, quant à l'Etat il s'engageait à rémunérer au taux de 5 0/0 les capitaux de construction et généreusement promettait de solder les déficits d'exploitation que la Compagnie voudrait bien lui réclamer.

Avec quelque justice le Sénat renvoya ce projet à la Commission et celle-ci se préoccupa de réduire la double garantie.

D'abord la garantie du capital de premier établissement; celle-ci était de 3.400 francs par kilomètre, on la réduisit à 1.154 francs, mais en revanche l'Etat s'engageait à contribuer pour une somme de 12.680.000 francs, soit les trois quarts du total, aux frais de premier établissement. C'était encore une libéralité bien exagérée mais enfin mieux valait se libérer de suite par un forfait. Mais surtout l'attention de la Commission se porta sur la nécessité de fixer un forfait d'exploitation et très prudemment le Sénat compléta l'article 6 par la disposition suivante :

« Il est entendu qu'un tarif à forfait des frais d'entretien et d'exploitation sera établi dès que les conditions de l'exploitation seront suffisamment définies. A défaut d'accord, le règlement sera fait par deux arbitres, dont l'un nommé par l'Etat, le deuxième par la Compagnie, un troisième désigné par les deux premiers ».

Il était en outre stipulé que toutes les subventions consenties par l'Etat, soit en capital de premier établissement, soit au compte de la garantie d'intérêt, ne l'étaient qu'au titre d'avances remboursables.

La convention ainsi modifiée devint la loi du 29 juin 1882. L'affaire parut si excellente, la Compagnie ne risquant rien, qu'avant toute exploitation les actions s'élevèrent de 500 à 650 fr. La Compagnie poussait les travaux avec une hâte fébrile ; dès 1883 elle put ouvrir un tronçon du réseau à l'exploitation et en 1885, soit trois ans après la concession, ce chemin de fer de 264 kilomètres était achevé. C'est qu'en effet il était pour elle de la dernière importance d'ouvrir aussitôt que possible son compte d'exploitation, dont l'Etat s'engageait par avance à couvrir les déficits.

La construction fut faite avec une si impardonnable légèreté que dès le 3 décembre 1883, soit moins d'un an après la concession, une commission d'ingénieurs fut chargée d'enquêter sur les travaux. Le rapport qu'elle rédigea fut écrasant : il apparut clairement que la Compagnie comptait demeurer toujours au-dessous de son forfait de construction de 68.000 fr., quitte à faire ensuite de coûteuses réfections qui seraient portées au compte de l'exploitation et que l'Etat par conséquent lui rembourserait.

Les frais d'exploitation, en effet, s'accrurent démesurément.

En 1883, ils n'étaient que de 148.160 francs, mais un seul tronçon était alors exploité :

1884	1.058.155 fr.
1885	1.983.540 »
1886	2.940.164 »

Quand ils eurent ainsi dépassé 10.000 francs par kilomètre, ce qui représente à peu près le double des frais d'exploitation des autres chemins de fer coloniaux, on s'alarma, on se rappela dans la métropole que l'article 6 de la concession permettait de fixer un forfait d'exploitation et on résolut d'en user. En vain la Compagnie menacée réduisit ses scandaleux bénéfices :

1887	2.130.025 fr.
1888	1.961.425 »
1889	2.038.243 »
1890	1.737.181 »

Le 10 avril 1890, intervint l'arrêté des arbitres réunis par application de l'article 6 de la loi de concession. Cet arrêt porte sur trois points principaux :

1° Fixation d'un forfait d'exploitation ;

2° Intéresser la Compagnie à demeurer au-dessous de ce forfait en lui abandonnant une part de la différence entre la somme fixée par le forfait et celle qui serait réellement dépensée pour l'exploitation ; cette part, qui était de 2 0/0 en 1891, devait s'augmenter progressivement et atteindre 10 0/0 en 1895 ;

3° Le surplus de la différence serait versé à une caisse de réserve dont le maximum était fixé à deux millions.

Est-il besoin de dire que les frais d'exploitation sont demeurés constamment au-dessous du forfait et que la Compagnie qui, par une bizarre indulgence, recevait des primes parce qu'elle administrait économiquement ses propres affaires, a réalisé des bonis qui oscillent annuellement entre 45 et 50.000 francs. Surtout que sous ce régime plus sage ses affaires ont prospéré et qu'en 1898 enfin, ses recettes ont excédé pour la première fois ses dépenses (bénéfice de 277.804 francs).

Une nouvelle convention arbitrale a modifié en 1901 la formule forfaitaire de 1890 ; la Compagnie continue à toucher 10 0/0 des économies réalisées et le surplus est versé à une nouvelle caisse de réserve dont le maximum est fixé à un million et demi de francs.

En résumé, le Dakar-Saint-Louis a coûté à l'Etat les sommes suivantes :

1° Contribution au capital de construction 12.680.000 francs.

2° Garantie d'intérêt de 1883 à 1890, date de la première convention arbitrale :

1883	220.997 fr.
1884	985.276 »
1885	974.500 »
1886	2.530.737 »
1887	1.624.035 »
1888	1.116.234 »
1889	1.414.963 »
1890	1.117.915 »
Total.	9.993.657 fr.

3° Garantie d'intérêt de 1890 à 1900, date de la seconde convention arbitrale :

1891	1.455.719 fr.
1892	1.268.415 »
1893	1.194.126 »
1894	1.174.125 »
1895	1.349.073 »
1896	1.278.000 »
1897	1.278.000 »
1898	1.270.000 »
1899	1.000.000 »
1900	600.000 »
Total.	11.867.458 fr.

4° Garantie d'intérêt depuis la seconde convention arbitrale :

1901	550.000 fr.
1902	300.000 »
Total.	850.000 fr.

Soit total général : 35.391.115 francs.

2° *Kayes-Bammakou.*

Il est assurément remarquable que les travaux de construction du Kayes-Bammakou furent entrepris alors que le Dakar-Saint-Louis n'était pas encore décidé. Mais si le Dakar-Saint-Louis a l'incontestable mérite d'avoir été construit très rapidement, le Kayes-Bammakou s'est poursuivi jusqu'à ces dernières années avec une désespérante lenteur.

Dès l'abord il fut décidé que cette nouvelle voie serait entreprise directement par l'Etat; mais, surprenante incurie, elle fut entreprise sans études préliminaires. On connaissait à peine le pays que nos colonnes commençaient seulement à parcourir et, bien entendu, aucun levé précis de la future voie ne put être fait. Et de même qu'on ignorait les pays traversés et qu'on se proposait de pousser le rail au petit bonheur dans la brousse sous la seule direction de la boussole, de même on ignorait par quels crédits on ferait face aux travaux. Le Parlement donnerait annuellement un petit secours. Ce fut l'apothéose du système des petits paquets.

En 1880 on ouvrait un premier crédit de 1.300.000 francs pour études et comme celles-ci ne pouvaient être faites d'une manière suffisamment précise, on trouva plus commode de commencer la voie; en 1881 on accorde à cet effet 8.552.751 francs. Cet argent permit de faire 1 kilomètre de plate-forme, 790 mètres de terrassements et de poser 700 mètres de rails, surtout d'acheter pour 110 kilomètres de matériel roulant, qu'on savait pertinemment ne pouvoir employer que dans plusieurs années et dont la lamentable odyssée est devenue légendaire. En 1882, 7.548.785 francs, ce qui permit d'atteindre le 16e kilomètre. En 1883, 4.677.000 fr., en 1884, 3.209.000 francs ; on arrive ainsi jusqu'au 53e kilomètre. Le kilomètre coûtait 112.400 francs et, au témoignage de notre collègue Le Hérissé, la voie n'était qu'une longue file de rails et traverses assemblés sans aucun souci des règles de la construction des voies ferrées, avec des déclivités affranchies de toute règle et de toute limite, s'élevant couramment au taux de 0,040 et 0,050, des courbes tracées à l'œil, présentant des rayons beaucoup trop faibles, mal attachées par des crampons et reposant directement sur le sol.

Cette ligne n'était ballastée que là où elle coupait une ballastière.

L'énergie de celui qui était alors le colonel Galliéni avait cependant amené presque sans nouveaux crédits, le rail jusqu'à Bafoulabé (1888). Il semblait qu'on eût alors atteint le comble du gâchis ; on fit mieux encore. Jusqu'à Bafoulabé la voie était d'un mètre. Comme le Parlement était décidé à ne pas ouvrir de nouveaux crédits, on prolongea la voie avec tous les matériaux que l'on avait sous la main et on posa 41 kilomètres de voie Decauville à 50 centimètres d'écartement, sans aucun ouvrage d'art, le rail descendant dans chaque marigot et la traction se faisant aux passages difficiles avec des mulets. Comme le matériel posé sur de simples traverses en bois fut rapidement hors de service, on le remplaça en 1889 par une voie de $0^{m},60$ tout aussi défectueuse.

Et c'est en 1891 seulement qu'on fit commencer l'étude du projet auquel on travaillait depuis dix ans. Les missions Marmier et Joffre firent une étude complète et scientifique de la voie et comme on ne disposait que de très faibles crédits, ce fut en 1898 seulement que l'on eut terminé les réfections de la voie Decauville. Le rail était alors à 188 kilomètres de Kayes ; il avait fallu seize ans et combien de millions pour atteindre ce résultat ; on progressait à raison de 11 kilomètres par an et il était permis d'espérer que vers 1930 on atteindrait le Niger dont les inépuisables richesses devaient assurer la prospérité des entrepôts du Sénégal.

Le programme technique du chemin de fer du Soudan avait été élaboré par les missions

Marmier et Joffre; il parut sage de régler aussi les moyens financiers qui serviraient à l'exécuter. C'est dans ce but que l'Etat passa avec les colonies du Soudan et du Sénégal une convention qui fut ratifiée par la loi de finances du 13 avril 1898.

D'après cette convention, l'Etat s'engageait à contribuer pour une somme totale de 12 millions de francs à l'achèvement du chemin de fer. Cette contribution dont l'Etat avait la faculté de se libérer en un seul versement devait être échelonnée sur une période de 24 ans à compter de 1899, l'allocation annuelle ne pouvant être inférieure à 500.000 francs. D'autre part, la colonie du Soudan s'engageait, elle aussi, à verser annuellement une somme de 500.000 francs pour la construction du chemin de fer. Cette somme de 500.000 francs devait être inscrite obligatoirement à son budget, elle serait prélevée sur la part qui revenait à la colonie dans les recettes douanières du Sénégal. On pense bien que cette somme de un million de francs versée annuellement par l'Etat à la colonie n'était pas suffisante pour donner une vive impulsion aux travaux, aussi dans l'esprit des parties contractantes devait-elle surtout servir à faciliter un emprunt que contracterait la colonie.

Dès 1899, la Caisse des dépôts et consignations a consenti, au taux de 3,80 0/0, un premier emprunt de 3.200.000 francs, en 1900, nouvel emprunt de 5.600.000 francs. La loi du 4 mars 1902, enfin, a autorisé le Trésor à avancer les sommes nécessaires à l'achèvement de la ligne.

Les travaux ont été poussés très vivement depuis cette convention. Dès 1902, 320 kilomètres étaient exploités et la plate-forme atteignait le kilomètre 416 ; en 1903 le rail atteindra le kilomètre 500 et la pose de la voie ira au kilomètre 416 ; en 1904, d'après le rapport de notre collègue Bienvenu Martin, la plate-forme atteindra le terminus Kouli-Kouro (563 kilomètres) et la voie sera posée jusqu'au kilomètre 500. Au début de 1905 l'exploitation sera ouverte sur toute la ligne.

Il aura donc fallu 24 ans pour construire ce chemin de pénétration et les sommes déboursées auront été les suivantes :

1re *Période. — Construction par l'Etat.*

1880	1.300.000 fr.
1881	8.552.751 »
1882	7.548.785 »
1883	4.677.000 »
1884	3.209.000 »
Total	25.287.536 fr.

2e *Période, dite d'abandon des travaux.*

1885	225.465 fr.
1886	176.745 »
1887	173.774 »
1888	193.774 »
1889	223.774 »
1890	250.000 »
Total	1.243.532 fr.

3e *Période, dite d'études.*

1891	200.000 fr.	
1892	426.900 »	
1893	(pas de crédit)	Les excédents de recettes du budget du Soudan sont consacrés au ch. de fer.
1894	(pas de crédit)	
1895	(pas de crédit)	
1896	(pas de crédit)	
1897	768.000 »	
1898	2.567.645 »	
Total	3.962.545 fr.	

4° Période. — Construction par l'Etat et la Colonie.

1899	4.788.000 fr.
1900	7.220.000 »
1901	8.422.111 »
1902	8.854.000 »
1903 (chiffre prévu) . . .	7.631.000 »
Total.	36.915.111 fr.

Emprunts et avances du Trésor.

1899	3.200.000 fr.
1900	5 600.000 »
1901 (avance du Trésor) . .	7.569.904 »
Total.	16.369.904 fr.
Total général . . .	83.976.628 fr.

Le principal vice, celui qui est cause des plus cruels déboires, tant dans l'entreprise du Dakar-Saint-Louis, que dans celle du Kayes-Bammakou, est la direction exclusivement métropolitaine qui fut donnée aux travaux. On avait usé de deux procédés contraires : pour le chemin de fer du Sénégal c'était l'entreprise ; c'était la régie pour celui du Soudan ; mais pour l'un comme pour l'autre, la préparation technique tant que financière était insuffisante et le contrôle absolument illusoire, puisqu'il se faisait non sur place, mais en France. Aussi les 264 kilomètres du Dakar-Saint-Louis ont-ils coûté déjà, tant en garantie d'intérêts du capital de construction, qu'en déficits d'exploitation, près de 150.000 francs le kilomètre à l'Etat (1). Et quant aux 563 kilomètres du Kayes-Bammakou, ils coûtent déjà plus de 150.000 francs au kilomètre et encore la construction n'en est pas terminée et les plus optimistes n'osent prédire l'époque où l'exploitation couvrira les frais.

Si les deux lignes dont il nous reste à parler maintenant, le Konakry-Koroussa de la Guinée française et le Kotonou-Tchaourou du Dahomey, ont donné lieu à de moins graves mécomptes, c'est surtout parce qu'elles ont été entreprises par les colonies elles-mêmes. Il est de la dernière évidence que si les finances de la colonie sont directement intéressées, toute l'attention de ses pouvoirs publics se portera sur les travaux. Non seulement un sage pessimisme présidera aux travaux préparatoires, mais encore la cons-

(1) Ce n'est évidemment là qu'une avance que la compagnie, grâce aux bénéfices qui ont dépassé les prévisions les plus optimistes, commence à rembourser. Cela n'en reste pas moins un exemple qu'il serait imprudent de renouveler.

truction sera poursuivie avec la plus grande activité et la plus grande économie, pour hâter le moment où les capitaux immobilisés dans l'entreprise porteront quelques fruits et surtout, pendant le cours même des travaux, on fera toutes les modifications que conseilleraient l'expérience du passé ou les circonstances du présent. Si donc il est permis de parler de principes dans une science qui en comporte aussi peu que l'économie coloniale, le principal est qu'il faut laisser aux colonies l'initiative, la direction et la responsabilité de leurs travaux publics.

3° *Le Konakry-Koroussa.*

Le chemin de fer Konakry-Koroussa est le plus ancien de ces chemins de fer vraiment coloniaux, construits par la colonie, sous la responsabilité de la colonie et sans aucune assistance de l'Etat.

L'objet de la voie est de relier la côte au Niger par un rail de 550 kilomètres ; l'effort de la colonie s'est porté jusqu'ici sur un premier tronçon de 150 kilomètres (de Konakry à Friguiabé) et avec les ressources que lui procurerait l'emprunt qui fait l'objet de ce rapport, la Guinée entreprendrait la construction d'un second tronçon de Friguiabé à Timbo (220 kilomètres).

Pour faire face aux dépenses la colonie a contracté, en 1899, un emprunt de 8 millions à la Caisse des dépôts et consignations, au taux de 4,10 0/0 ; cet emprunt, convertissable en quarante ans, grève actuellement les finances de la Guinée française d'une annuité de 408.000 francs. En 1901, nouvel emprunt à la Caisse des dépôts et consignations et dont le capital de 4 millions sera remboursé en vingt-cinq annuités de 250.000 fr. Les résultats de l'absolue indépendance laissée à la colonie ont été les suivants :

D'abord, les travaux ont été poussés avec une extrême rapidité ; les 150 kilomètres du premier tronçon, qui offre souvent de très grandes difficultés, ont été construits en trois ans.

Puis, chose inouïe dans la construction d'un chemin de fer colonial, il n'y a eu aucun dépassement de crédits. On avait prévu 12 millions pour mener le rail à Friguiabé et ces 12 millions ont suffi.

Mais aussi ces travaux ayant été entrepris par une colonie jeune, dont la naissante prospérité inspirait confiance aux économistes seulement et non aux financiers, le taux de l'emprunt fut de

4,10 0/0, alors que le chemin de fer du Soudan, que vingt ans d'impérities avaient recommandé à la sollicitude de la métropole, obtenait à cette même Caisse des dépôts un taux de 3,80 0/0.

Le Konakry-Koroussa comporte enfin un dernier enseignement ; c'est que pour nos colonies d'Afrique occidentale la régie est en principe préférable à l'entreprise et cela pour une raison qu'il est aisé de comprendre. Les travaux doivent être confiés à la main-d'œuvre locale. Celle-ci est rare et surtout très indolente, les richesses que le sol produit naturellement suffisant à ses besoins restreints.

L'entrepreneur, quelle que soit son habileté technique, ne peut se préparer à ces difficultés d'un ordre tout à fait spécial et il est naturel que des fonctionnaires qui, par leur longue pratique du pays, ont une connaissance approfondie des mœurs des habitants et dont d'ailleurs le prestige est considérable, obtiennent de meilleurs résultats, tant pour le recrutement des travailleurs que pour leur direction. Aussi, quand les entrepreneurs du Konakry-Koroussa demandèrent eux-mêmes la résiliation de leur contrat, principalement par suite des difficultés qu'ils rencontraient avec la main-d'œuvre, les travaux, loin d'en être compromis, furent repris avec une nouvelle activité. Quelque 6.000 travailleurs ont été employés à la voie, et au Dahomey la régie a donné des résultats tout aussi excellents. Cependant, dira-t-on, dans les colonies anglaises de la côte de Guinée, on a continué à pratiquer l'entreprise. Mais d'abord l'entrepreneur, qui est la maison Shelford and C°, s'est si bien spécialisé dans la construction des voies ferrés sur la côte, qu'il pourrait être considéré comme le chef de la brigade des voies ferrées des colonies anglaises, et surtout il est bon de rappeler que les agents britanniques n'ont jamais su déployer auprès des naturels ce tact et cette fermeté, cette justice aussi, qui sont l'honneur et les traditions de nos fonctionnaires coloniaux et les meilleures garanties de succès de leur politique indigène.

4° *Le Kotonou-Tchaourou.*

Le chemin de fer du Dahomey, qui a pu bénéficier de toutes ces expériences, a su profiter de leur enseignement. C'est encore la colonie qui, en 1900, a entrepris les travaux d'une voie de 700 kilomètres destinée à relier la côte au Niger navigable. Le projet du commandant Guyon et du capitaine Cambier doit être réalisé en seize ans. Mais la colonie du Dahomey, au lieu de grever ses finances, a cru plus sage de prélever sur ses réserves domaniales le capital qui la doterait d'un chemin de fer. Voici, en effet, quelles sont les principales clauses de la concession accordée à la maison Georges Borelli et Cie, de Marseille :

1° La colonie abandonne au concessionnaire une superficie de 295.000 hectares ; ce vaste domaine est exploité par une Compagnie au capital de cinq millions de francs :

2° La colonie s'oblige à faire l'infrastructure de la voie et à livrer la plate-forme par sections annuelles de cinquante kilomètres à la Compagnie ;

3° La colonie s'oblige à verser pendant huit ans une subvention de 2.000 francs par kilomètre exploité.

Par contre, le concessionnaire s'oblige :

1° A la superstructure ;

2° A faire participer la colonie dans les bénéfices, dès que la recette brute kilométrique dépassera 6.000 francs ;

3° La concession étant de soixante-quinze ans,

la colonie sera, à l'expiration de ce délai, propriétaire du chemin de fer.

Les travaux ont été poussés très vigoureusement ; un premier tronçon de 100 kilomètres est ouvert au trafic, un an avant l'époque fixée par le cahier des charges, et le prix de 60.000 francs par kilomètre n'a pas été dépassé (1).

(1) La colonie est d'ailleurs sur le point d'abandonner le système de la concession pour en revenir à celui de la régie.

IV

Après ce rapide exposé, il nous a paru nécessaire d'indiquer rapidement les voies et moyens qui jusqu'ici ont permis l'exécution des travaux publics aux colonies.

En soutenant que l'initiative privée pouvait avantageusement remplacer l'intervention gouvernementale en cette matière, certains économistes ont à coup sûr exagéré. Leur raisonnement est d'autant plus discutable qu'il s'applique aux colonies. Il est bien évident que, si le Gouvernement de la colonie ne s'occupait pas des grandes œuvres d'intérêt général, il n'y aurait pas une personne, pas une société privée qui s'employât à les exécuter. Quand une nation européenne s'installe dans une colonie, il n'y a ni routes, ni ports, ni canaux, ni travaux d'irrigation ou d'assainissement, ni hôpitaux, ni écoles. Ce ne sont pas les indigènes qui vont s'unir pour faire ces travaux, puisqu'ils n'en sentent pas la nécessité et que le but de la colonisation est précisément de leur donner conscience de ces besoins. Ce ne sont pas non plus les colons qui vont se lancer dans d'aussi vastes entreprises. Ils n'ont pas trop de leurs forces et de leurs capitaux pour exécuter les œuvres de défrichement, pour construire leurs habitations, pour ensemencer et planter, pour attendre l'époque souvent lointaine de la moisson rémunératrice. C'est donc l'Etat qui doit songer à approprier le pays aux conditions hygiéniques et économique de la vie moderne ; lui seul possède deux qualites que n'ont pas les individus : la perpétuité et le crédit. Il peut attendre longtemps le profit des œuvres qu'il entreprend. D'autre part, s'il a de bonnes finances, il trouve des prêteurs et en très grand nombre; lui seul peut amasser ces capitaux énormes qui sont nécessaires pour entreprendre et mener à bonne fin les travaux publics dans les colonies.

C'est donc l'État, sous les deux formes qu'il peut revêtir : Gouvernement métropolitain, Gouvernement local, qui est capable de doter les pays d'outre-mer de l'outillage économique qui leur fait défaut. Les moyens financiers qu'il emploie pour exécuter ce programme varient avec les colonies et l'importance des travaux à exécuter.

La colonie peut quelquefois, par ses propres ressources budgétaires, trouver le moyen d'améliorer ses ports, de construire des routes, d'entreprendre un chemin de fer. On a vu que la construction de l'infrastructure du chemin de fer du Dahomey avait été exécutée sur des crédits prévus au budget local.

Ce procédé est excellent ; il n'engage pas la colonie pour l'avenir, et, dans le présent, il a l'immense avantage de rendre la colonie absolument indépendante de la métropole. Il faut assurément que la métropole, comme c'est le cas pour le Dahomey, ne fournisse aucune aide au budget local : sinon nous tombons dans le système des travaux publics exécutés avec subvention métropolitaine que nous étudierons plus bas.

Les inconvénients des travaux entrepris sur les ressources budgétaires sont très nombreux ; ils ne peuvent pas être très importants, car les ressources sont limitées ; — d'autre part, ils sont exposés à de nombreux risques : ralentissement par suite de moins-values dans la rentrée des impôts ; — arrêt complet dans les cas où la situation financière de la colonie devient mauvaise.

En somme, ces ressources servent à *amorcer* des travaux ; pour exécuter des œuvres plus importantes, il faut recourir à l'emprunt. Et, en fait, le Dahomey, pour continuer son chemin de fer jusqu'au Niger, se verra tôt ou tard dans la nécessité de recourir à l'emprunt.

Quelquefois la colonie, désireuse de se passer de l'assistance de la métropole, charge une compagnie de construire une voie ferrée et, pour la rémunérer de ses travaux, lui concède, pour un temps plus ou moins long, du territoire, de part et d'autre de la voie. Ce système, nous l'avons vu, fonctionne au Dahomey pour la superstructure de la voie. Nous verrons plus loin une application plus intégrale du système dans la construction des chemins de fer portugais.

Ce système présente de nombreux inconvénients. Si les territoires concédés sont sans valeur, la Compagnie fait faillite et la colonie se trouve moralement dans l'obligation de continuer son œuvre et d'achever la construction de la ligne.

Si, au contraire, les territoires concédés sont fertiles, peuplés, la Compagnie réalise d'énormes bénéfices et la colonie s'est dépouillée trop facilement d'un important élément de richesse. Assurément, la colonie peut inscrire dans le contrat une clause de rachat pouvant être exercé à tout moment. Mais généralement la Compagnie prend ses précautions et les conditions du rachat sont très onéreuses. En somme, la colonie a donné le meilleur de son sol; mieux vaut encore pour elle contracter un emprunt.

Souvent les travaux publics sont exécutés par les colonies à l'aide de subventions annuelles que leur fournit la métropole. Ce système est fréquemment employé : ou bien la métropole garantit les intérêts des obligations d'une compagnie, ou son budget fournit directement les subsides destinés à couvrir une partie des frais des travaux. Nous avons trouvé des exemples de ce système dans le chemin de fer de Dakar à Saint-Louis, dans celui de Kayes au Niger, enfin nous pourrions prendre comme exemple le chemin de fer et le port de la Réunion ou le chemin de fer anglais de l'Ouganda pour lequel un crédit est spécialement prévu chaque année au budget métropolitain du Foreign Office.

Bien que, dans la plupart des cas, ces subventions constituent des avances remboursables, il y a lieu de craindre que le remboursement n'en soit jamais effectué et que la métropole en soit de ses deniers. Les colonies comptant sur l'assistance pécuniaire et régulière de la métropole dépensent largement et n'ont pas conscience des sacrifices consentis par la métropole. On est tout étonné par exemple de voir la somme de capitaux engloutis pour la construction et l'exploitation du chemin de fer de Dakar à Saint-Louis. Enfin ces subventions ne peuvent être accordées que pour certains travaux déterminés ; elles ne pourraient s'appliquer à l'exécution d'un grand programme de travaux publics. Le véritable procédé pour l'exécution de ce programme est l'emprunt.

Il y a deux sortes d'emprunt :

1° Les emprunts coloniaux contractés par une colonie sans la garantie de l'Etat métropolitain ;

2° Les emprunts coloniaux garantis.

Emprunts coloniaux non garantis par la Métropole.

Il y a des colonies assez riches ou qui inspirent assez de confiance au public pour pouvoir faire de gros emprunts.

Il faut citer en première ligne les colonies anglaises de peuplement. Ces colonies sont de véritables Etats, constitués sur le modèle de la mère-patrie, avec cette différence qu'ils sont plus jeunes et plus travailleurs. Ils ont donc de formidables dettes publiques qu'ils ont contractées dans la métropole et dont ils s'allègent peu à peu, soit en remboursant les prêteurs, soit en opérant d'habiles conversions.

Le tableau suivant donne une idée de l'importance des emprunts réalisés en Angleterre par le Canada, le Cap, le Natal, l'Australie et la Nouvelle-Zélande.

Canada (en dollars) :

	1897-98	1898-99	1899-1900
Montant de la dette. . .	338.375.984	345.160.903	346.207 980
Taux d'intérêt	2.66 0/0	2.68 0/0	2.60 0/0

Cap (en livres) :

Dette publique (en 1901)	27.013.947
Dette garantie de compagnies (en 1901) . .	3.483.878

Natal (en livres) :

En 1901, 9.010.143, dont 7.808.216 ont servi à la construction des lignes de chemin de fer par le Gouvernement.

Australie. — Chaque colonie de Commonwealth a emprunté à part :

Nouvelles-Galles du Sud	65.332.993 livres
Victoria.	48.774.885 —
Queensland	35.808.414 —
Australie occidentale	12.709.430 —
Australie du Sud.	26.117.845 —
Tasmanie	8.511.000 —
Nouvelle-Zélande (en 1901) . . .	49.591.245 —

Il n'est pas étonnant que ces colonies aient trouvé en Angleterre des capitaux aussi importants. Eminemment aptes au peuplement, elles renferment une population stable, avide de s'enrichir et qui n'a qu'à exploiter les richesses que la nature offre à profusion.

Au contraire, les colonies situées sous les tropiques n'inspirent pas la même confiance ; elles sont malsaines, exposées aux cataclysmes : raz de marées, cyclones, inondations ; le colon n'y est que de passage ; on n'y trouve pas les fortes assises de la famille. Elles sont donc souvent très embarrassées pour trouver sans aucune aide les moyens financiers propres à l'exécution des travaux publics.

Cependant certaines colonies tropicales possèdent un crédit considérable : telles sont l'Inde et l'Indo-Chine. Ces colonies sont en effet peuplées d'indigènes et possèdent par conséquent la main-d'œuvre. D'autre part, elles jouissent d'une excellente réputation ; le souvenir des fabuleuses richesses des Indes hante encore la cervelle des Européens ; on imagine facilement la végétation luxuriante de ce pays, les palais somptueux, les étoffes riches, le ruissellement de l'or et des pierreries. Le gouvernement de l'Inde a donc trouvé des capitaux énormes en Angleterre ; il a construit des ports, des chemins de fer, des routes, des canaux, des hôpitaux, des sanatoria. Le réseau des chemins de fer a 24.707 milles (39.734 kilomètres) parmi lesquels 5.858 sont exploités directement, 12.335 exploités par des Compagnies fermières, 1.305 milles appartiennent à des Compagnies auxquelles le gouvernement indien garantit un revenu de 5 0/0 et 2.267 à des Compagnies dont la garantie d'intérêt est moins élevée ou fixée à une durée limitée. Dans le budget de l'Inde de 1901-1902, les chemins de fer absorbent 278.886.000 roupies de subvention et sont inscrits pour 276.414.000 roupies en contributions. En 1900, le total des capitaux placés dans les chemins de fer s'élevait à 3.327.510.837 roupies, les profits nets montaient à 164.971.432 roupies, ce qui représente un intérêt de 4.99 0/0 (1).

Mais les colonies comme l'Inde anglaise et l'Indo-Chine, qui possèdent un crédit assez considérable pour emprunter sous leur seule garantie, sont rares. La plupart des possessions tropicales recourent à l'assistance pécuniaire de l'Etat métropolitain.

Emprunts coloniaux garantis.

Madagascar nous offre deux exemples d'emprunts garantis par la métropole : le premier réalisé par émission publique, le second contracté auprès d'une institution financière d'Etat, tous deux autorisés par la voie législative.

Une loi du 5 août 1897 — dit M. François dans son ouvrage sur le *Budget local des colonies* auquel nous empruntons ces renseignements — a permis au ministre des Colonies de convertir le solde des obligations 6 0/0 émises en 1889 en représentation de l'emprunt contracté par le Gou-

(1) V. STRACHEY : *L'Inde* et *Revue d'économie politique*, janvier 1903 ; la culture indienne et ses charges, article de M. Albert Mélin.

vernement malgache le 4 décembre 1886. Les détails de la conversion furent réglés par un arrêté du 7 avril 1897 et un décret du 6 mai suivant. Soixante mille obligations de 500 francs à 3 0/0, remboursables en soixante ans, devaient être émises. Quarante mille le furent immédiatement. La garantie éventuelle de la métropole était spécifiée dans l'article 2 de la loi ; mais au cas où la colonie y recourrait, les avances du Gouvernement français seraient productives d'un intérêt de 2 1/2 0/0 jusqu'à complet remboursement. De plus, la loi exigeait que tout emprunt que la colonie contracterait dans l'avenir devrait être approuvé par une loi. La nécessité de l'autorisation légale trouve son explication dans la garantie donnée par l'Etat aux porteurs d'obligations. Il était nécessaire que le Parlement suivît de très près la situation financière de la grande île. Un décret en Conseil d'Etat n'a pas paru suffisant au législateur de 1897 pour autoriser les emprunts futurs qui pourraient obérer la situation de la colonie et avoir ainsi une répercussion sur le Trésor métropolitain. Restaient vingt mille obligations. La loi du 6 avril 1898 autorisa une émission de onze mille obligations de 500 francs à 2 1/2 0/0 remboursables dans les mêmes conditions que les premières. Enfin les neuf mille dernières furent émises après la loi d'autorisation du 5 mai 1900.

Avec cette dernière opération, le droit de la Colonie était épuisé. Aussi, lorsqu'il fut question pour le général Galliéni d'un emprunt nécessaire, la loi du 14 avril 1900 dut intervenir pour l'autoriser à contracter un nouvel emprunt de 60 millions, remboursable en 60 ans. Les conditions de cet emprunt garanti par l'Etat sont soumises à l'approbation des Départements des Colonies et des Finances. Sur cette somme, l'emploi de 39 millions fut autorisé qui furent réalisés ainsi : 10 millions à 4 0/0 à la Caisse nationale des retraites (décret du 12 février 1901) ; 15 millions (décret du 8 septembre 1901) ; enfin 14 millions à 3,95 0/0 au même établissement. Une nouvelle loi sera donc nécessaire pour permettre l'emprunt d'une nouvelle tranche (1).

Tels sont les deux systèmes les plus employés d'emprunts garantis.

(1) Ces lignes étaient écrites avant le vote du parlement qui autorise une nouvelle émission (rapport de M. Chaumet).

V

L'exposé des motifs du projet autorisant l'emprunt de 65 millions contracté depuis par le gouvernement de l'Afrique occidentale française s'exprimait ainsi :

« L'outillage économique des vastes possessions qui constituent le Gouvernement général de l'Afrique occidentale française est encore à l'état absolument rudimentaire. Notre domaine de l'Ouest africain forme un bloc compact, dans lequel les voies de pénétration naturelles sont rares et singulièrement imparfaites. La longue étendue de son littoral ne présente que deux ports d'une réelle valeur, Dakar et Konakry; deux grands fleuves le sillonnent, le Sénégal et le Niger. Mais le premier, dont l'embouchure est obstruée par une barre difficile, n'est navigable, dans l'état actuel, que pendant quelques mois par an. Nous ne possédons pas l'embouchure du second, et s'il offre dans son cours supérieur et moyen de grands biefs navigables, ceux-ci ne sont encore utilisables que par une batellerie des plus primitives. Tous les autres cours d'eau qui traversent nos possessions sont impropres à servir de voie de pénétration, à raison des rapides qu'on rencontre à peu de distance de leur embouchure.

« C'est essentiellement à la rareté et à la précarité des voies de communication qu'on doit attribuer l'état de barbarie primitive dans lequel nous avons trouvé les immenses régions que nous avons conquises en Afrique occidentale et d'où elles commencent à peine à sortir. Les échanges n'y sont en effet possibles qu'à proximité du littoral et de la partie navigable des cours d'eau, et il serait illusoire de chercher à développer la production dans l'intérieur avant de lui donner les moyens de s'écouler au dehors.

« La première phase de notre occupation du continent africain a dû consister dans l'œuvre de conquête et de pacification ; la partie la plus importante de cette œuvre est dès à présent accomplie ; l'ordre et la sécurité, conditions indispensables de la production, sont presque partout assurés. Il reste maintenant à ouvrir des débouchés à cette production et cette œuvre considérable doit être exécutée suivant un plan d'ensemble dont les données essentielles résultent naturellement de la constitution physique de l'Afrique occidentale. »

Et voici quelles étaient les grandes lignes du programme :

Travaux d'assainissement. — La première tâche qui s'impose est d'assainir les portes d'entrée de nos possessions de l'Ouest africain, périodiquement ravagées par la fièvre jaune et infestées d'une manière continue par le paludisme. A la suite de la terrible épidémie de fièvre jaune de 1900, une mission sanitaire, instituée par le Département des Colonies, a tracé le programme des travaux nécessaires pour assainir les centres de Saint-Louis, Dakar et Rufisque, travaux d'adduction d'eau potable, de dessèchements de marigots et de marais, et de construction d'égouts. Les premiers ont seuls été exécutés ; les études des autres travaux ont été faites ; leur exécution dans le plus bref délai est indispensable.

Travaux d'aménagement des ports. — Nous possédons dans Dakar le plus beau port de la côte occidentale, aussi important au point de vue commercial qu'au point de vue stratégique.

A ce dernier titre Dakar a été classé comme point d'appui de la flotte, et des travaux ont été entrepris sur les fonds du budget de la Marine et du budget du ministère des Colonies. La nécessité a été reconnue de lui donner un outillage commercial qui lui fait entièrement défaut ; un projet de port de commerce a déjà été établi ; son exécution doit marcher de pair avec celle du port de guerre, dont elle est le complément nécessaire et qui la facilitera notablement.

Le port de Rufisque demande aussi, à raison de son développement croissant, quelques améliorations, quoique de moindre importance.

Un projet d'établissement d'un port en eau profonde a été étudié à la Côte d'Ivoire ; son exécution, liée à celle d'un chemin de fer de pénétration dont il sera question ci-dessous, présenterait en outre l'avantage de permettre le déplacement du centre commercial actuel de Grand-Bassam, situé dans les conditions sanitaires les plus défectueuses, et foyer redoutable de la fièvre jaune.

A Saint-Louis, la longueur des quais et la surface des terre-pleins sont tout à fait insuffisantes pour le commerce local et surtout pour le commerce de transit avec le Soudan dont l'importance augmente chaque année et augmentera encore dans de grandes proportions quand le chemin de fer de Kayes au Niger sera terminé et qu'on aura amélioré le port de Dakar et les moyens de pénetration vers le Soudan. Il importe d'y établir sans retard les quais dont la construction est réclamée et décidée en principe depuis longtemps, et qui apporteront en outre une amélioration notable dans l'état sanitaire de la ville, d'après l'avis même de la mission sanitaire. Il est indispensable également de perfectionner les moyens de transbordement entre le fleuve et le chemin de fer.

Travaux d'ouverture de voies de pénétration. — La seule voie ferrée actuellement terminée en Afrique occidentale est le chemin de fer de Dakar à Saint-Louis, d'une longueur de 264 kilomètres. Bien que sa direction soit parallèle à la côte, elle peut cependant être qualifiée de voie de pénétration, puisqu'elle permet aux voyageurs et aux marchandises d'éviter le passage toujours difficile, souvent impossible, de la barre du Sénégal et de rejoindre le fleuve à Saint-Louis.

Ce chemin de fer, entrepris surtout pour assurer la pacification du pays qu'il traverse, en a complètement transformé l'état économique. La production et l'exportation du principal produit, l'arachide, qui atteint jusqu'à 100.000 tonnes, ont décuplé depuis son établissement, et la recette kilométrique a monté au taux inespéré de 11.700 francs.

Un autre chemin de fer a été entrepris vers le même temps, celui de Kayes à Bammako, puis à Koulikoro, qui relie le Sénégal au Niger. L'exécution de cet ouvrage, qui a rencontré des difficultés particulières, est dès à présent assurée, grâce aux ressources financières qui lui ont été attribuées; il sera terminé dans un intervalle de deux ou trois ans au maximum.

Le projet adopté par le parlement semble prévoir implicitement dans le détaillé de ses crédits que le Sénégal, rendu navigable, pourra devenir à bref délai le prolongement utilisable de la voie ferrée.

Peut-être est-ce là la partie la plus discutable du programme. J'ai en effet montré le peu de fond qu'il y avait à faire sur le système mixte au point de vue économique et sur l'idée de jeter des capitaux à rendre navigable un fleuve qui, même à supposer la réalisation d'une pareille idée, ne serait utilisable que quelques mois de l'année.

Que nous songions à nettoyer le fleuve aux berges croulantes des immondices qui l'encombrent, cela est parfait et devient presque un travail indispensable, mais que nous ayons l'idée d'en faire une grande et sérieuse artère commerciale, cela, selon moi, relève un peu de l'utopie, souvent fille d'Afrique.

D'ailleurs le Gouvernement l'a si bien compris qu'il entre dans la véritable conception pratique. Il se rend compte qu'il est également très utile d'étudier une voie de communication terrestre de la côte vers Kayes.

Des négociations avaient été commencées il y a trois ans entre l'Etat et la colonie pour la construction d'une ligne de chemin de fer partant de Thiès, station de la ligne de Dakar à Saint-Louis et se dirigeant vers Kayes à travers le Baol. Le Conseil général du Sénégal avait voté en 1899 une subvention annuelle de 100.000 francs pour la construction de ce chemin de fer. La colonie envisageait surtout l'utilité de desservir la région du Baol, qui est très peuplée et très cultivée. Aucune suite n'a été donnée à ce projet. Il paraît utile de reprendre cette question et d'étudier les divers tracés se dirigeant vers Kayes. Cette étude montrera si la construction totale ou partielle de ce chemin de fer est réellement utile et à quel tracé on devra donner la préférence.

On peut affirmer à l'avance que des voies de pénétration partant de ces deux points seraient très utiles et permettraient de mettre en valeur les régions peuplées et fertiles où le sol est mal cultivé à cause du manque de voies de communication (1).

L'exemple du chemin de fer de Dakar à Saint-Louis est bien typique à ce sujet ; au moment des études on évaluait à 1.200 ou à 1.500 francs au maximum la recette kilométrique de cette ligne qui traversait un pays aride et inculte. Mais la construction de ce chemin de fer a permis précisément de mettre en valeur toute la région traversée ; la recette kilométrique a atteint près de 12.000 francs en 1901 ; le commerce d'arachides a pris par le fait même de la construction du chemin de fer une extension considérable. En 1854 on exportait 4.800 tonnes, en 1889, 32.000 tonnes, en 1898, 95.000 tonnes, il est à croire qu'un chemin de fer de pénétration donnerait des résultats analogues.

En ce qui concerne l'ensemble du programme

(1) Les rapports du colonel Rougier sont concluants à cet égard.

il est évident que le chemin de fer du Soudan, même avec les travaux complémentaires qu'il comporte, ne saurait suffire à la pénétration de nos possessions de l'Ouest africain. Trois autres voies perpendiculaires à la côte sont nécessaires pour relier le littoral à l'arrière-pays dans nos possessions coloniales de la Guinée française, de la Côte d'Ivoire et du Dahomey.

Le chemin de fer du Dahomey, dont l'exécution se poursuit dans des conditions normales, mais pour lequel il pourra être nécessaire de se procurer des disponibilités de crédits nécessaires, afin de permettre, quand le premier tronçon sera terminé, de commencer immédiatement après à exécuter le second, dont la construction est prévue seulement dans un délai de huit années.

Le chemin de fer de Guinée qui, partant de Konakry, se dirige par le Fouta Djallon vers le Niger. Les études détaillées de l'ensemble de la ligne, dont la longueur totale est de 680 kilomètres, ont été faites et soumises au comité des travaux publics des colonies le 22 juillet 1899. Le comité des travaux publics leur a donné son approbation et a estimé notamment que la partie de la ligne entre Konakry et Friguiabé, longue de 132 kilom., pourrait être d'ores et déjà entreprise.

La colonie de la Guinée après quelques négociations infructueuses avec divers demandeurs en concession, a résolu de construire elle-même cette section qui est en bonne voie d'achèvement.

Les ressources nécessaires évaluées à 12 millions par le comité des travaux publics, ont été procurées par deux emprunts successifs. L'un de 8 millions, conclu le 18 octobre 1899 avec la Caisse des retraites au taux de 4,10 0/0, l'autre de 4 millions, conclu le 3 juin 1901 avec la Caisse des dépôts et consignations au taux de 4 0/0. Ces deux emprunts ont été autorisés par les décrets des 14 août 1899 et 22 mars 1901 rendus en Conseil d'Etat ; ils spécifient que ces emprunts « seront employés à la construction d'une ligne de chemin de fer partant de Konakry et se dirigeant vers le Fouta-Djallon et le Niger ».

Un effort supplémentaire était nécessaire pour permettre d'atteindre les plateaux du Fouta-Djallon à hauteur de Timbo, la colonie avancera ainsi sensiblement, vers 1905 ou 1906 par exemple, la période productive de son chemin de fer, en lui donnant une contrée fertile et populeuse à desservir ; elle obtiendra ce résultat en profitant sans arrêt des moyens de travail qu'elle possède actuellement et dont il faut éviter la dispersion.

Toutefois la colonie ne pouvait à elle seule supporter le poids de l'effort financier à accomplir ; ses finances, si prospères qu'elles soient, étaient grevées d'annuités très lourdes qui immobilisaient momentanément son crédit et le vote du projet d'emprunt lui a favorisé le remboursement anticipé des deux emprunts qu'elle avait contractés. Cette mesure lui procurera ainsi une économie annuelle notable qui lui permettra d'affecter les disponibilités ainsi créées à servir les annuités de la charge supplémentaire de 17 millions dont elle a besoin.

La Côte d'Ivoire s'est préoccupée également des voies de communication à établir pour pénétrer dans l'hinterland.

Outre le projet d'un établissement d'un port en eau profonde, elle a fait étudier le tracé d'un chemin de fer qui, partant de la côte, traverserait la forêt pour venir déboucher dans la clairière du Baoulé.

La construction de cette ligne est nécessaire tant pour achever la pacification du pays que pour exploiter la région minière qui se trouve au nord de la forêt et relier la région de Kong à la côte : *Les colonies voisines allemandes et anglaises ont déjà donné l'exemple et ont commencé la construction de chemins de fer partant de la côte et se dirigeant vers le nord.* La colonie de la Côte d'Ivoire, [pour laquelle l'annexion d'une *partie des territoires de l'ancien Soudan a été une très lourde charge, n'a pu encore songer à se procurer les ressources nécessaires pour entreprendre des travaux de cette nature.*

Il importe cependant de ne pas en ajourner indéfiniment la réalisation et d'en assurer au moins la construction de l'infrastucture d'une partie d'une ligne sans laquelle aucun développement économique n'est possible dans un pays où les obstacles à la pénétration commencent du littoral même.

L'infrastructure d'un premier tronçon de deux cents kilomètres, y compris les travaux du port, tête de ligne, coûtera environ 10 millions.

Les considérations qui précèdent ont permis d'établir de la façon suivante le programme des travaux de première urgence à entreprendre en Afrique occidentale française et d'évaluer comme suit les capitaux nécessaires pour le remboursement anticipé des emprunts réalisés par la Guinée et le Sénégal :

Travaux d'assainissement

Égouts de Saint-Louis . .	350.000 fr.	
Desséchements des marais de Saint-Louis	1.650.000 »	
Égouts de Dakar y compris le comblement des ravins .	930.000 »	
Desséchement des marais de Dakar	900.000 »	
Égout de Rufisque . . .	620.000 »	
Desséchement des marais de Rufisque	1.000.000 »	
Total.		5.450.000 fr.

Travaux d'aménagement de ports

Quai de Saint-Louis, installations diverses	2.100.000 fr.	
Port de Dakar	10.000.000 »	
Port de Rufisque. . . .	500.000 »	
Total.		12.600.000 fr.

Travaux d'ouverture de voies de pénétration. Navigabilité du Sénégal et du Niger.

Études du chemin de fer reliant Kayes à la ligne de Dakar à St-Louis.	500.000 fr.	
Amélioration des fleuves Sénégal et Niger	5.000.000 »	
Chemin de fer de la Guinée	17.000.000 »	
Chemin de fer et port de la Côte d'Ivoire	10.000.000 »	
Total.		32.500.000 r.

Emprunts à rembourser

Emprunt de 8.000.000 contracté le 18 octobre 1899 à la Caisse nationale des retraites pour la vieillesse par la Guinée française au taux de 4.10 0/0.

Capital restant remboursable du 1er juillet 1903 au 14 juillet 1908 .	440.514 fr.	
Indemnité de 1/2 0/0 pour remboursement anticipé. .	2.202 57	
Capital remboursable à partir du 1er juillet 1908 . .	7.258.211 »	
Indemnité de 1 0/0 pour remboursement anticipé. .	72.582 11	
Total.		7.773.509 68

Emprunt de 4.000.000 de francs contracté le 12 juillet 1901 à la Caisse des dépôts et consignations par la Guinée française au taux de 4 0/0.

Capital restant à rembourser au 1er juillet 1903.	3.855.267 »	
Indemnité de 0,50 0/0 pour remboursement anticipé. .	19.276 33	
Total.		3.874.543 33

Emprunt de 5.000.000 de francs contracté le 3 décembre 1892 par la colonie du Sénégal à la Caisse des dépôts et consignations au taux de 4 0/0

Capital restant à rembourser au 1er février 1903	2.041.458 »	
Indemnité de 0,50 0/0 pour remboursement anticipé	13.204 27	2.054.662 27
A valoir et divers		147.284 »
Total.		65.000.000 »

Ce programme est celui qu'a adopté le parlement en votant le projet de loi dont il nous faut dire quelques mots.

L'article 1er a pour objet d'autoriser l'emprunt et de définir limitativement les travaux auxquels pourront être employés les fonds à provenir de cet emprunt ; il fixe les crédits alloués à chaque nature de travaux ; mais ces crédits étant évalués nécessairement en chiffres ronds et d'après des avant-projets susceptibles d'être remaniés dans une certaine mesure, il est à peu près inévitable que des écarts plus ou moins sensibles apparaissent, lors de l'exécution des travaux, entre les chiffres prévisionnels et le coût réel.

C'est pourquoi le dernier paragraphe de l'article 1er dispose que les disponibilités qui apparaîtraient ainsi sur certains travaux pourront être affectés à d'autres travaux pourvu que ces derniers soient également prévus au programme. En d'autres termes, des virements pourront être effectués entre les divers articles de dépenses énumérés dans le projet de loi ; leur importance résultera des dépenses réelles d'exécution, mais quelle que soit cette importance, lesdits virements devront faire l'objet de décrets rendus sur le rapport du ministre des Colonies après avis du ministre des Finances; c'est dire que les fonds de l'emprunt ne seront réellement affectés qu'à des travaux présentement prévus, tout en réservant l'élasticité indispensable dans la répartition définitive de ces fonds entre les divers articles de travaux.

L'article 1er fixait en outre un taux maximum, soit 3,50 0/0, au-dessus duquel l'emprunt ne saurait être valablement contracté. Ce chiffre supposait, bien entendu, que l'Etat accordait sa garantie à l'A. O. F. ; à cette condition, en effet, on pouvait espérer un taux voisin de 3,30 ou 3,40, autrement la fixation de 3,50 0/0 comme taux maximum revenait à rendre l'emprunt irréalisable, car il était tout à fait improbable que l'A. O. F. songeat à trouver sur sa seule signature, prêteur à moins de 4 ou 4,25 0/0.

L'article 2 règle tout d'abord les conditions dans lesquelles seront autorisées l'ouverture des divers travaux à exécuter sur fonds d'emprunt et la réalisation progressive de ces fonds.

Nous disons réalisation progressive, car il est bien certain que l'Afrique occidentale française ne peut entreprendre simultanément les travaux très divers énumérés à l'article 1er ; leur exécution totale absorbera vraisemblablement cinq années, et la colonie aura, dès lors, tout avantage à répartir, sur une même période de temps, la réalisation par fractions successives de 65 millions autorisés, puisque les intérêts à sa charge ne commenceront à courir qu'à dater du versement réel des capitaux.

Quoi qu'il en soit, il est facile de voir que l'article 2 multiplie les garanties permettant au pouvoir central — spécialement dans les personnes du ministre des Colonies et du ministre des Finances — de suivre pas à pas les opérations, tant techniques que financières, de l'emprunt ; en effet, dès que certains travaux dépasseraient, sans compensation sur d'autres, les allocations prévues, ou bien, dès que les fonds employés ne correspondraient pas à l'état d'avancement des travaux, les ministres susvisés pourraient empêcher toute ouverture de nouveau chantier ou toute réalisation nouvelle de fonds. En résumé, après l'autorisation de principe donnée par la loi qui nous occupe, l'emprunt ne devient effectif que sous un contrôle permanent du Gouvernement de la République et n'atteint son développement complet que si la marche des travaux et l'état des finances locales emportent l'adhésion du pouvoir central.

La publication obligatoire au *Journal officiel* des décrets et des rapports prévus par l'article 2 assurent en outre suffisamment le contrôle du Parlement sans rendre cependant son intervention nécessaire pour chacune des étapes de l'exécution du programme des travaux approuvé par lui.

Mais ce même article 2 réserve expressément au Parlement la sanction définitive des conventions qui pourront intervenir pour concéder l'exploitation de tout ou partie des lignes ferrées à construire.

De telles concessions, en effet, par l'importance des capitaux qu'elles mettent en œuvre, par leur action immédiate sur les budgets des colonies intéressées, par les propositions concurrentes auxquelles elles peuvent donner lieu, ne sauraient être entourées de trop de garanties et doivent, par cela même, relever de la loi.

L'article 3 régit le payement des intérêts et de l'amortissement de l'emprunt ; il précise que ce payement incombe au budget des territoires de la Sénégambie et du Niger puisque, aux termes du décret du 1er octobre 1902, c'est à une section spéciale de ce budget que sont inscrites les dépenses propres au Gouvernement général de l'Afrique occidentale française; enfin, il dispose explicitement que le Gouvernement de la République française garantit le service de l'emprunt.

Il était bien certain que l'emprunt serait émis soit directement par le Trésor, soit par un établissement ou un consortium d'établissements de crédit ayant leur siège social à Paris; c'était donc à Paris que le Gouvernement général de l'A. O. F. devait adresser les fonds nécessaires aux échéances et que serait centralisé le service de l'emprunt, d'où le dernier paragraphe de l'article 3.

L'article 4 prévoit et règle le cas où la garantie de l'Etat aurait à fonctionner; il pose ce principe important que les sommes ainsi versées par l'Etat pour le compte de l'A. O. F. ne le seraient qu'à titre remboursable; ce remboursement ne saurait guère faire défaut puisque les budgets à la charge desquels il sera légalement inscrit, en vertu du présent article 4, sont soumis, d'autre part, à l'approbation du Chef de l'Etat, en exécution du décret du 1er octobre 1902.

Enfin, l'article 5 a pour but de réserver à la production nationale la fourniture de tout ce qui devra être importé en Afrique occidentale pour la construction et l'exploitation des voies ferrées; le transport en sera effectué sous pavillon français.

La Chambre, en modifiant sur ce point le projet du gouvernement, qui lui, ne faisait pas obligation à la colonie d'avoir recours à la Métropole, a envisagé cette obligation comme une contre-partie de l'avantage financier que la Métropole assure à l'Afrique occidentale en garantissant son emprunt.

L'article 6 fixe, conformément à la jurisprudence constante admise en la matière, le régime applicable à l'enregistrement des actes auxquels donnera lieu l'exécution des dispositions de la loi dont nous venons d'examiner le projet.

La question du refus de la garantie n'a pas été envisagée. Les objections de principe tombaient devant la situation toute spéciale de l'Afrique occidentale. Au surplus, la garantie dont il s'agit offre en dernier ressort à l'Etat qui la consent une contre-partie que nous indiquerons plus loin et qui réside dans la faculté légale de récupérer très rapidement les avances faites par lui si jamais elles devenaient nécessaires.

Evidemment, en thèse générale, l'idéal est de créer un crédit propre à chaque colonie et nos possessions sont loin de compte vis-à-vis des colonies anglaises qui n'ont pas trouvé moins de neuf milliards dans la métropole (1), mais la nécessité ne s'accommode pas toujours de ces formules rigoureuses et mieux que personne l'Angleterre l'a compris, comme il est facile de l'établir.

A coup sûr nous ne devons pas plus consacrer le principe de la garantie que le principe contraire. Ce sont là des questions d'espèce et, pour ma part, je ne suis pas le moins du monde tenté d'exagérer les arguments d'une des deux thèses au détriment de l'autre.

Sans doute, comme on l'a dit souvent, si les colonies devaient une fois encore être la rançon des fautes de notre politique extérieure, nous risquerions avec la garantie érigée en principe de courir à ce désastre au bout duquel il ne nous resterait de nos possessions que leurs dettes.

Et d'autres arguments s'ajoutent encore à ceux-là : il est peu rationnel de doter d'un crédit factice nos colonies; la faculté de contrôle, nécessaire à l'Etat, n'est pas absolument liée à la garantie ; le taux élevé résultant de la non-ga-

(1) Et encore, l'Inde à part.

rantie est un encouragement aux capitaux à s'expatrier et d'ailleurs ne pourra-t-on ensuite l'abaisser par conversion ? La non-garantie poussera les prêteurs à s'intéresser de plus près au développement de la colonie, enfin il est sûr qu'il serait préférable d'adopter un type unique de titre colonial plutôt que de créer un type privilégié qui risque de jeter la défaveur sur l'autre.

Tout cela contient une grande part de vérité et serait peut-être la vérité même si toutes nos colonies étaient taillées sur le patron de l'Indo-Chine, par exemple.

Et pourtant n'a-t-on pas répondu ? N'a-t-on pas établi que la responsabilité de l'Etat dans le cas d'un désastre nouveau serait engagée moralement de toute façon et qu'il était parfois plus clair et profitable d'accorder la garantie « explicite » au lieu de la donner « implicite ». N'a-t-on pas dit que la garantie, si elle ne comportait pas le monopole du contrôle, le facilitait tout au moins singulièrement ? N'a-t-on pas fait remarquer que pour que le taux élevé soit un encouragement véritable à l'expatriation des capitaux, encore ne fallait-il pas qu'il soit une cause de ruine pour la colonie appelée à en supporter le fardeau et qu'il serait difficile, sinon impossible à aucune des nôtres, d'emprunter comme jadis la Nouvelle-Zélande — qui d'ailleurs a trouvé plus d'un milliard depuis — à 8 et 9 0/0.

N'a-t-on pas constaté que l'emprunt indochinois de 80 millions, garanti, n'a pas le moins du monde jeté la défaveur sur celui de 200 millions, non garanti.

N'est-ce point encore là le raisonnement de la vérité et du bon sens et, en résumé, tout cela ne prouve-t-il pas simplement que si telle colonie peut se passer de la garantie il ne faut pas généraliser la théorie, et que nous ne nous engageons pas plus à accorder dans l'avenir la garantie à toutes les colonies parce que nous l'accorderons à l'emprunt de l'Afrique occidentale, que nous ne nous croyons condamnés à la refuser parce que nous ne l'avons pas donnée à l'Indo-Chine.

Au surplus, ce n'est pas au moment où la loi de 1900 a mis à la charge des colonies une nouvelle série de dépenses que nous pourrions songer à mettre nos jeunes possessions dans la nécessité de payer une annuité trop forte qui les empêcherait de marcher dans l'excellente voie tracée par le législateur.

En ce qui concerne particulièrement l'emprunt de 65 millions que nous étions chargés d'approuver, l'octroi de la garantie devait constituer pour l'Afrique occidentale un avantage estimé à 0,75 ou 1 0/0 dans le taux d'intérêt qu'elle devra payer ; sur 65 millions, cela représente en capital 487.500 francs dans le premier cas, 650.000 fr. dans le second.

Devait-on à un prix aussi élevé consacrer un principe qui d'ailleurs, bien que fort séduisant, n'a rien qui l'impose comme un moule unique à toutes les opérations coloniales? Cela eut été puéril et inapplicable dans le cas particulier qui nous retient, car, nul ne l'ignore, l'Afrique occidentale est d'existence bien récente pour que les capitalistes aient pu se faire une idée bien justifiée de son crédit. Elle est personne civile depuis le décret du 1er octobre 1902 seulement.

Evidemment, le fait que deux de ses colonies, la Guinée et le Sénégal, ont trouvé un crédit suffisant auprès d'établissements sérieux comme la Caisse des dépôts et consignations, et qu'en même temps elles ont amené presque au maximum réglementaire leur caisse de réserve, prouve une vitalité encourageante, mais tout cela est de notoriété trop récente pour permettre au public qui l'ignore de juger du crédit de l'Afrique occidentale.

La garantie accordée n'a donc eu en réalité qu'un but : permettre à la colonie de se faire connaître financièrement du public qui sans doute plus tard souscrira facilement alors aux emprunts non garantis.

Donc à tous égards, en pratique et en théorie, la garantie s'imposait.

Et d'ailleurs comporte-t-elle une charge future pour l'État ? Nous ne le pensons pas et voici pourquoi.

Les 65 millions à provenir de l'emprunt seront répartis entre les diverses colonies de l'Afrique occidentale, lesquelles possèdent leur autonomie financière (Décret du 1er octobre 1902) de la façon suivante :

Guinée	29.000.000 fr.
Sénégal et son hinterland . . . } Sénégambie Niger . . . . }	26.000 000 »
Côte d'Ivoire	10.000.000 »
Total. . . .	65.000.000 fr.

Chacune de ces colonies devra évidemment supporter la charge correspondant à sa quote-part et verser au budget centralisateur de la Sénégambie-Niger l'annuité voulue. Au cas où l'une de ces colonies ferait défaut, les autres fourniraient les fonds à titre de contribution (Décret du 1er octobre 1902). Ces subventions pourraient d'ailleurs, en vertu du même décret, faire l'objet d'un compte spécial et donner lieu à des règlements ultérieurs.

Toutes ces opérations seraient réglées en Conseil de gouvernement où chaque colonie de l'Afrique occidentale est représentée par son gouverneur.

Voici donc déjà substituée à la garantie personnelle de chaque colonie, la garantie collective de toutes. Il faudrait donc que celle-ci fasse à son tour défaut pour voir apparaître celle de l'Etat..

Et même à ce moment, il s'agit de démontrer, comme je l'ai indiqué plus haut, que cette garantie ne serait que très temporaire, c'est-à-dire ne serait pas précisément telle qu'on se l'imagine et telle qu'elle existe habituellement.

En effet, le projet de loi que nous avons voté a fixé avec beaucoup d'ingéniosité et de sagesse que la garantie de l'Etat ne pourra jamais jouer que sous forme *d'avances remboursables* et établi les conditions de remboursement.

Ce remboursement sera-t-il toujours possible? A coup sûr, puisque l'Etat a un pouvoir discrétionnaire sur les dépenses de l'Afrique occidentale et que chaque budget individuel n'est exécutoire qu'après approbation du Gouvernement de la République.

Ce cas se présentera-t-il jamais, il est à présumer que non et en effet un coup d'œil sur la situation de nos colonies d'Afrique occidentale rassurera les plus pessimistes.

L'annuité d'un emprunt de 65 millions à 3,25 0/0, amortissable en cinquante ans, s'élève à 2.638.976 fr.60.

Dès maintenant l'Afrique occidentale (Sénégal et Guinée) consacre à l'amortissement d'emprunts qui seront convertis et compris dans le précédent.................... 1.055.496 fr. 30
d'où charge nouvelle à prévoir : 1.583.480 fr.30.

Or, l'ensemble des recettes budgétaires de l'Afrique occidentale française s'élève au bas mot, pour 1903, à 23.338.954 francs.

Il suffira donc d'une augmentation de 7 0/0 des recettes actuelles pour couvrir entièrement la charge du nouvel emprunt.

Il convient de remarquer que l'augmentation des recettes chiffrée plus haut ne devient nécessaire que progressivement et n'atteint son maximum de 1.583.480 francs, soit 7 0/0, que dans cinq ans, puisque l'emprunt s'échelonne sur cet espace de temps.

Or, de 1898 à 1902 les recettes de l'Afrique occidentale ont passé de 11.722.000 à 20.379.000 fr. soit une augmentation de 73,85 0/0.'

Dans ces conditions, qui mettra en doute une augmentation de 7 0/0 de 1903 à 1907 ?

Et, au surplus, en cas de fléchissement passager des recettes, est-ce que les caisses de réserve n'offriraient pas leurs disponibilités.

Sénégal	2.496.143 fr.	(1.300.000 + 1.100.000)
Sénégambie-Niger.	1.400.000 »	
Guinée.	2.000.000 »	
Côte d'Ivoire . .	410.880 »	
Dahomey. . . .	2.000.000 »	

La garantie de l'Etat n'est donc en réalité qu'une facilité offerte à une jeune colonie en pleine ascension économique d'assurer la marche régulière d'un développement remarquable.

Les travaux qu'elle entreprend ne sont pas d'ailleurs pour ne point rendre d'immenses services à l'Etat lui-même.

Les 14.000.000 de charges qu'il supporte du fait de l'hospitalisation, la relève et le ravitaillement diminueront évidemment dans l'avenir en même temps que s'accroîtra la participation de la colonie aux dépenses militaires, participation qui, de 30.000 francs en 1902, est passée à 100.000 francs en 1903 sous l'intelligente initiative de M. Roume, le distingué gouverneur de l'Afrique occidentale.

Le tableau suivant résume d'ailleurs d'une façon très claire la situation financière de l'Afrique occidentale française :

Situation financière de l'Afrique occidentale.

	EXERCICE 1902	PROGRESSION ANTÉRIEURE	RÉSERVE (*)	EMPRUNTS
	fr. c.	fr. c.	fr. c.	fr. c.
Sénégal . . .	5.414.234 30	1900 . . . 4.454.611 » 1901 . . . 4.644.732 »	1.500.000 » (maximum du décret du 20 novembre 1882.)	5.000.000 » (D. 21 nov. 1892)
Haut-Sénégal .	4.246.860 »	1900 . . . 3.376.835 » 1901 . . . 3.425.283 »	1900 . . . 68 14 1901 . . . 292.688 70 1902 . . . 843.760 18	Néant.
Guinée . . .	9.430 000 » (6.000.000 Chemin de fer.)	1900 . . . 2.870 000 » 1901 . . . 6.895.000 » (4.000.000 Chemin de fer)	1900 . . . 428 176 68 1901 . . . 743.131 43 1902 . . . 1.884.846 52	8.000.000 » (D. 14 août 1899) 4 000.000 » (D. 22 mars 1901)
Côte d'Ivoire .	2.235.000 »	1901 . . . 1 908.300 »	1901 . . . 177 209 53 1902 . . . 383 022 24	Néant.
Dahomey . .	3.039.000 »	1900 . . . 2.200.000 » 1901 . . . 2.974 200 »	1900 . . . 388 107 14 1901 . . . 810.815 73 1902 . . . 1.512.117 71	Néant.

(*) Maximum nouveau pour les caisses de réserve (décrets des 31 mai 1902 et 6 octobre 1902).

Sénégal	2.000.000 fr.	Côte d'Ivoire	1.500.000 fr.
Haut-Sénégal	1.500.000 »	Dahomey	2.000.000 »
Guinée	3.500.000 »		

En ce qui concerne les « espoirs », les disponibilités éventuelles des différentes colonies de l'Afrique occidentale, les renseignements suivants nous ont paru présenter quelque intérêt :

Sénégal.

La part de l'emprunt applicable au Sénégal proprement dit et dont l'amortissement devra être supporté par le budget local de cette colonie se décompose ainsi :

Travaux d'assainissement.	5.450.000 fr.
Travaux d'aménagement de ports . . .	12.600.000 »
Capital restant à rembourser sur l'emprunt de 5.000 000 de francs (1892). .	2.654.662 »
Total.	20.704.662 fr.

L'annuité, pour amortissement de cette somme de 20.704.662 fr., atteindra son maximum en 1907, date de la cinquième émission de l'emprunt : elle sera, à cette époque, de 800.000 fr. environ, de laquelle il faut déduire 392.000 fr., actuellement inscrits au budget et payés pour amortissement de l'emprunt de 1892 qui doit être remboursé.

800.000 fr.
392.000 »
408 000 fr.

Cette somme de 408.000 francs, en augmentation de dépenses, pourra être compensée aisément, dans le budget du Sénégal, par les augmentations de recettes suivantes.

1° *Droits de douane.* — Ces droits, qui depuis 1898 ont progressé *annuellement* de 2 à 300.000 francs, seront, selon toute vraisemblance, en 1907, en état de couvrir, à eux seuls, cette augmentation de dépense. — L'arachide, qui est actuellement la principale marchandise d'exportation du Sénégal, n'est encore cultivée que sur des espaces très restreints, même aux environs de la voie ferrée, et la quantité exportée a pourtant presque triplé en cinq ans.

En 1895, 51.000 tonnes ont été embarquées.
En 1898, 95.000 — —
et en 1900, 141.000 — —

De nombreux produits de ces régions ne sont pas encore exportés régulièrement, mais des études sont faites dans le but d'en faciliter le commerce ; tel est le cas notamment du coton.

2° *Impôts de capitation.* — Cette taxe avait été supprimée, en 1898, par un vote du Conseil général. C'était là une mesure de faveur que rien ne justifiait, puisque tous les indigènes habitant en dehors des escales de la voie ferrée et des quatre communes du Sénégal sont soumis à l'impôt. Il sera rétabli dès l'an prochain et donnera un revenu qui peut être fixé, au minimum, à 150.000 francs.

3° *Droits de quai.* —Si les nécessités budgétaires l'exigeaient, la colonie pourrait établir une taxe pour l'emploi des quais au débarquement et à l'embarquement des marchandises. Les travaux projetés auront, en effet, pour objet de faciliter singulièrement ces opérations en mettant à la disposition des vapeurs de vastes espaces pour entreposer les marchandises et tout l'outillage perfectionné destiné à assurer la manutention rapide des chargements. Enfin, les droits de douane eux-mêmes pourraient être au besoin augmentés et, si c'était nécessaire, un droit de sortie pourrait être établi sur l'arachide, par exemple, qui déjà, en Casamance, est grevée d'un droit de 7 0/0 à la sortie ; ce produit supporte une taxe analogue dans les colonies anglaises de l'Afrique occidentale.

A noter, enfin, que la caisse de réserve du Sénégal a atteint le maximum fixé par le décret du 20 novembre 1882, soit 1.300.000 francs.

Sénégambie-Niger.

La part de l'emprunt imputable à des travaux intéressant la Sénégambie-Niger se décompose ainsi :

Étude du Chemin de fer Thiès-Kayes . .	500.000 fr.
Amélioration du fleuve Sénégal et Niger .	5.000.000 »
Total.	5.500.000 fr.

L'annuité pour amortissement de cette somme atteindra son maximum en 1907 et sera de 207.000 francs environ.

En admettant que le Sénégal ne soit pas en mesure de participer à cette augmentation de dépense (bien que les travaux projetés intéressent cette colonie), le budget de la Sénégambie-Niger trouvera sans difficulté les ressources nécessaires pour y pourvoir. En effet, l'impôt personnel de

capitation n'est pas perçu dans toutes les régions; dans les endroits même où il est établi, son taux peut sans inconvénient être notablement augmenté. Dans le territoire de l'ancien Soudan les recensements faits jusqu'ici sont loin d'être au complet et dans certaines parties le taux de l'impôt est très faible; en 5 ans cet impôt a donné un rendement presque double, il se montait en 1898 à. . . . . . 1.600.000 fr.
et en 1902 à . . . . . . 3.044 000 »

On peut évaluer au moins à 500.000 francs l'augmentation de rendement qui se produira d'ici à 1907.

D'autre part, les anciens budgets régionaux du Sénégal, actuellement fondus dans le budget de la Sénégambie-Niger, ont vu leurs recettes provenant d'impôt personnel augmenter dans les mêmes proportions.

A l'heure actuelle les recensements peuvent être considérés comme complets, mais le taux de l'impôt doit être augmenté dans plusieurs régions.

Le montant total de l'impôt en 1898 était de 1.149.000 francs dans les cercles du Sénégal.

Il était de 2.500.000 francs environ en 1902.

D'autre part, le commerce de l'ancien Soudan s'est notablement accru, des produits nouveaux sont exploités, le caoutchouc notamment, et il est rationnel de prévoir que le chiffre forfaitaire de 417.000 francs payé par le Sénégal à la Sénégambie-Niger pour la quote-part de celle-ci dans les recettes de douane pourra être augmenté d'ici peu en raison de l'accroissement des transactions dans le Haut-Sénégal et le Niger.

Enfin, et si le besoin s'en faisait sentir, des taxes locales nouvelles pourraient être établies sur les droits de marché, produits des bacs, etc., etc.

A noter que la caisse de réserve de l'ancienne circonscription du Haut-Sénégal et Moyen-Niger dispose d'un avoir de 1.400.000 francs qui constituera les premiers fonds de réserve du budget de la Sénégambie-Niger.

Guinée française.

La partie de l'emprunt destiné à la Guinée se décompose de la façon suivante :

Avancem. du chemin de fer Konakry-Niger.	17.000.000 fr.
Rembours. de l'emprunt de 8.000.000 . .	7.773.000 »
Rembours. de l'emprunt de 4.000.000 . .	3 874.000 »
	28.047.000 fr.

L'annuité pour amortissement de cette somme se montera, en 1907, à 1.150.000 francs environ. En réalité, l'augmentation de dépense à prévoir à cette date pour le budget doit être réduite de la somme de 663.000 francs actuellement payée pour amortissement des deux emprunts de 8.000.000 et de 4.000.000 de francs qui doivent être remboursés.

1.150.000	fr.
663.000	»
487.000	fr.

C'est donc 487.000 francs de plus que le budget de la Guinée devra être en mesure de supporter.

La situation de la Guinée permet d'affirmer que cette nouvelle charge pourra être supportée sans difficulté.

Une crise momentanée sur le caoutchouc a eu pour résultat d'arrêter pendant deux ans l'accroissement des recettes douanières qui avaient passé, de 1898 à 1900, de 690.000 francs à 1.270.000 francs. Cette crise est aujourd'hui terminée et, sans aucun doute, les recettes de douane vont reprendre leur marche ascendante. Ce qui, d'ailleurs, contribue surtout à donner à la Guinée sa situation particulièrement prospère, c'est l'impôt de capitation et c'est là surtout qu'il faudra rechercher les ressources nécessaires au payement de l'annuité.

Cet impôt indigène d'un rendement de 120.000 francs en 1898, est monté à 2.000.000 de francs en 1902.

Or, cette dernière somme représente un impôt de capitation très faible qui est loin d'être perçu dans toutes les parties de la colonie. Pour de nombreuses régions, c'est simplement une redevance globale versée par les chefs à laquelle on substituera sous peu une taxe établie par tête et suivant des renseignements précis.

A noter que l'avoir de la caisse de réserve a atteint son maximum, soit 2 millions.

Côte d'Ivoire.

Sur la totalité de l'emprunt projeté, 10.000.000 de francs sont destinés à la Côte d'Ivoire pour l'établissement d'un port et l'étude d'un chemin de fer.

L'annuité pour amortissement se montera en 1907 à 395.000 francs environ.

Les ressources de cette colonie ont provenu jusqu'à présent presque entièrement des droits de douane qui ont passé de 1.200.000 fr., en 1898, à 1.730.000 fr. en 1902. Ce chiffre doit sensiblement augmenter, l'activité commerciale augmentant annuellement dans de sensibles proportions, surtout depuis l'arrivée des sociétés de mines d'or.

Les redevances sur les concessions minières seront également une source nouvelle de revenu.

Mais c'est surtout sur l'impôt de capitation qu'il faut compter pour assurer les recettes nécessaires au payement de l'emprunt.

La Côte d'Ivoire est très peuplée, dans les régions du haut ; malheureusement, la pacification est à peine terminée et notre influence n'était pas jugée jusqu'ici suffisante pour établir l'impôt. La situation est en train de se modifier complètement et il est certain que dans un an ou deux l'impôt de capitation à lui seul pourvoira et au delà à l'augmentation de dépenses résultant de l'emprunt.

*
* *

En résumé, des colonies jeunes, des colonies d'exploitation, pour lesquelles l'outillage n'est pas seulement une condition de développement mais encore d'existence, cherchent à vivre. Leur manque de notoriété les expose à des taux excessifs ; la Guinée n'a-t-elle pas obtenu à grand peine 4,10 0/0 à la Caisse des dépôts, quoique sa situation financière fût irréprochable !

C'est alors qu'elles sollicitent l'aval de la France. Depuis dix ans elles n'ont cessé de développer leur commerce, les crises les plus graves, comme celle qui sévit sur la Guinée de 1900 à 1902, les ont trouvées robustes. Non seulement leurs budgets sont équilibrés le plus facilement du monde mais encore les excédents de recettes ont permis la constitution de caisses de réserve qui, en quelques années, ont atteint leur maximum.

Et ce n'est pas là l'effet d'une politique trop fiscale, puisque, dans la plupart d'entre elles, les impôts sont moindres que dans les colonies voisines. S'il le fallait, on pourrait doubler les recettes en édictant de nouvelles taxes. Leur administration enfin est sage et économe. Il n'est pas une puissance coloniale qui en aussi peu de temps ait obtenu d'aussi brillants résultats. Et les étrangers sont les premiers à nous rendre justice.

Un éminent économiste allemand, le professeur Hans Meyer, dit en parlant d'elles «... Leur administration se fait avec la plus stricte économie et sans aucun luxe de fonctionnaires ; les coûteuses expéditions militaires y sont inconnues. La politique suivie a donné les plus brillants résultats, elle peut être citée comme un modèle tant aux colonies allemandes qu'anglaises de la côte ». Et voici en quels termes un voyageur anglais comparait notre Guinée à Sierra Leone : « Certes, il y a lieu d'être confus de l'état où se trouve Sierra Leone après un siècle d'occupation britannique, quand sa jeune concurrente a pris en dix ans un si merveilleux essor. En 1900, la

Guinée française produisait pour 28.450 livres de plus que Sierra Leone, les dépenses d'administration étaient inférieures de 39.772 livres à celles de sa voisine anglaise et elle consacrait 21.394 livres de plus à l'exécution de travaux publics ».

Et ces colonies étrangères, inférieures aux nôtres, ont obtenu de leurs métropoles des concours précieux. Ce n'est pas seulement l'Allemagne qui prend à sa charge le wharf de Lome et le chemin de fer côtier du Togo, c'est l'Angleterre elle-même dont on nous propose sans cesse de suivre les principes individualistes qui accorde des subventions en argent, s'engage à construire les embranchements quand la colonie aura terminé la ligne principale, ou bien encore à l'assister de son crédit.

En France, nous n'avons rien fait, si ce n'est au Sénégal et au Soudan, et encore est-il permis de se demander si l'intervention mal étudiée de la métropole, n'a pas été plus une entrave qu'une cause de prospérité pour nos colonies. A Kotonou, c'est l'initiative privée qui construit un wharf et un pont transbordeur, c'est le Dahomey lui-même qui se donne un chemin de fer et quand, par hasard, l'Etat met ses finances à la disposition de ses colonies, c'est pour exiger un taux de 4,10 alors que l'Angleterre n'exigeait de Sierra Leone, moins prospère, que 3,50 0/0. Il y a là une injustice, à ces colonies nous devons une réparation. Il y a là aussi un danger. Tout ce temps, pendant lequel nous avons abandonné à des propres forces l'Afrique occidentale française, a été mis à profit par ses rivaux. Toutes les colonies de la côte, aidées par leurs métropoles, possèdent aujourd'hui des chemins de fer en pleine exploitation dont la longueur est supérieure à nos réseaux; les colonies anglaises, pour une superficie de 300.000 kilomètres carrés, ont 737 kilomètres de rails exploités; nous en avons à peine un millier pour une superficie quatre fois plus grande. Nous ne pouvons laisser subsister une pareille infériorité. Mal outillés, nos établissements ne pourront résister à la concurrence; ils perdront leur avance, et une fois de plus on s'extasiera alors sur la colonisation économe, individualiste anglo-saxonne, à laquelle on opposera nos établissements « peuplés de fonctionnaires ».

Les faits sont venus confirmer ces heureux pronostics et une autorité qui promet d'être féconde anime aujourd'hui cet immense domaine.

Dakar est devenu définitivement la capitale de l'Afrique occidentale française; en même temps que son port se pourvoit de quais destinés à remplacer l'ancien débarcadère en bois vermoulu, la ville perd cet aspect d'entrepôt provisoire qu'elle avait alors que toute la vie de la colonie était centralisée à Saint-Louis. Le gouverneur général y réside et la fièvre du bâtiment a gagné ses capitalistes.

En Guinée, patiemment et sans bruit, on a entrepris la construction du second tronçon de la ligne Konakry-Koroussa et tout récemment M. Roume passait du Soudan dans cette colonie, en empruntant le chemin que bientôt jalonneront les gares.

Mais c'est à la Côte d'Ivoire que s'est porté le plus grand effort. Cette belle et malheureuse colonie, dont la réputation d'insalubrité, due à l'incurie administrative, a empêché jusqu'ici le développement, demeurait déshéritée, comme elle l'était du temps de Binger. Avec les 10 millions qui constituent sa part dans l'emprunt elle commencera son outillage. La mission Houdaille est repartie, entreprenant en même temps les travaux nécessaires dans le port d'Abidjean et l'étude de la voie ferrée vers la Baoulé.

Il se produira pour l'Afrique occidentale française ce qui tout récemment s'est produit pour l'Indo-Chine et ce qui un jour se produira pour le Tonkin. Le public, lent à se défaire de ses préjugés, croira de bonne foi que notre établissement dans ce pays se compose de quelques postes isolés, où de malheureux fonctionnaires meurent épuisés par le climat. Et tout à coup la vérité jaillira, le pays apprendra que le labeur passionné de quelques-uns de ses plus éminents serviteurs lui a donné une colonie, qui offre à ses industriels et à ses commerçants de larges débouchés et constitue dans un nouveau continent un appui sûr d'où rayonnera l'influence de la France.

IV

L'AVENIR ÉCONOMIQUE DE L'AFRIQUE OCCIDENTALE FRANÇAISE (1)

Messieurs, vous permettrez au rapporteur de l'emprunt de l'Afrique occidentale française de saluer l'œuvre qui vous a réunis et qui, dès le début, a centralisé tous les concours et toutes les bonnes volontés.

Cela était fatal, la création de l' « Association Cotonnière » est, en effet, la traduction nette de la méthode économique qui seule doit nous ouvrir les débouchés attendus, elle est la résultante d'une situation pressante dont l'énergie et la hardiesse doivent seules nous donner la solution.

Messieurs, qu'il s'agisse du coton ou d'autres

(1) Discours prononcé au banquet offert à M. Roume et au Ministre des colonies par l' « association cotonnière ».

produits exotiques, le problème européen se pose aussi inexorable dans sa rigueur.

Entre le sommeil aujourd'hui léger de son aïeule, l'Asie, et l'éveil ardent de sa fille, l'Amérique, la pauvre vieille Europe s'inquiète et pense.

Elle tourne son regard interrogateur vers toutes ces menaces, et voici qu'un pays vierge et attirant surgit comme un espoir par delà la Méditerranée.

Alors se ruent les suprêmes énergies à la conquête du salut.

On s'empare, on s'installe, un peu au hasard d'abord, puis méthodiquement et sérieusement.

La gloire du soldat fait place au triomphe de l'explorateur ; au génie de la conquête succède celui de l'organisation.

Le rail entre en scène, il semble au début qu'il doive tout créer, féconder les immensités nues et l'aridité des sables. C'est une fièvre générale à laquelle aucune puissance n'échappe.

Puis l'esprit de méthode reprend sa place et retrouve sa vertu. Des hommes éminents comme Etienne donnent, en ce qui nous concerne, un but tangible à nos aspirations africaines, de jeunes ministres énergiques et intelligents comme Doumergue se consacrent à des conceptions raisonnables, des gouverneurs éclairés, avisés et méthodiques comme M. Roume, établissent des plans précis et réalisables, enfin des hommes réfléchis comme vous, messieurs, sanctionnent de leur coopération précieuse un effort qu'ils jugent bien combiné et vraiment viril.

Messieurs, l'Afrique occidentale entre aujourd'hui dans la dernière phase de son évolution rationnelle.

Trois noms domineront et jalonneront son histoire.

Pour la période de conquête, Faidherbe, qui assure notre domination, trace le premier ce programme fascinateur : « Gagner le Niger » et qui, après avoir balayé le monde de faux prophètes et de prétendants usurpateurs qui nous disputaient le passage, ouvre nettement la glorieuse marche dont les étapes furent Bafoulabé, Kita, Bammakou, Ségou-Sikoro et Tombouctou.

Pour la période de grande exploration c'est Binger qui, avant tous, par un admirable effort de ténacité et de courage, prouve l'unité de notre possession, en détruisant la légende de ces fameux monts de Kong, muraille imaginaire qui cependant, par un suprême effet de suggestion, pesa si longtemps de son poids irréel sur le sens pratique et positif de nos commerçants.

Enfin, pour la période de mise en valeur ce sera M. le gouverneur général Roume qui assumera devant la postérité le glorieux privilège d'avoir tenté l'effort d'ensemble dont nous attendons sans crainte les résultats.

Je ne veux point, Messieurs, établir ici dans le détail la conception que le récent emprunt de 65 millions a fait entrer dans le domaine d'une prochaine réalisation.

L'œuvre d'assainissement, la création d'un grand port à Dakar, la continuation des lignes de la Guinée et du Dahomey, bien que cette dernière ne profite pas de l'emprunt, l'établissement du chemin de fer de la Côte d'Ivoire et enfin et surtout un rapide tracé du Thiès-Kayes, le tronçon le plus indispensable peut-être, voilà les grandes lignes du projet actuel, mais permettez-moi, cependant, de dire bien haut ici qu'un des principaux mérites d'un pareil programme c'est d'avoir obtenu votre chaleureuse adhésion.

Il est bon, en effet, qu'après les belles utopies engendrées parfois par l'amour même de cette

Afrique attirante dans laquelle, soutenus par la haine de l'inconnu et le mépris de la fable, nos hardis pionniers ont éclairci tous les mystères dont s'effrayaient ou s'étonnaient leurs prédécesseurs, il est bon que des commerçants et des industriels comme vous assignent des buts précis à l'enthousiasme de notre activité.

Au surplus, jamais époque ne fut plus propice au développement raisonné de notre belle colonie.

Nous avons acheté par nos folies du Kayes-Bammakou une expérience qui nous place aujourd'hui à la tête des nations constructrices en Afrique.

Déjà même, nous l'avons prouvé, aucune nation n'a construit à des prix inférieurs à ceux qu'ont coûté les lignes du Dahomey et de la Guinée.

C'est qu'instruits par de durs échecs, nous avons enfin adopté le contre-pied de cet absurde système centralisateur qui nous a valu de payer 150.000 francs ce que les colonies aujourd'hui, intéressées directement à une opération faite à leurs frais et sous leur responsabilité, payent 60.000 à 65.000 francs.

Il est cependant à remarquer, et cela consolera peut-être un amour-propre parfois susceptible, que nous n'avons pas le monopole de l'inexpérience ou de l'insuccès.

Nos voisins les Allemands en savent quelque chose. L'Empire dont le monde colonial attentif suivait avec intérêt l'effort qu'il admirait par avance, surtout en ce qui concerne les voies ferrées, a commis les pires erreurs, comme il a connu les plus dangereuses utopies. Le Togo et le Sud-Ouest ont donné les mécomptes les plus inattendus et le Grand-Central n'est toujours qu'un rêve.

Je n'en dirai pas autant en ce qui concerne l'Angleterre.

Le Fretown-Bo, le Lagos-Ibadan sont peut-être les modèles des chemins de fer dits d'exploitation, celui de l'Ouganda constitue sans nul doute le plus admirable effort d'argent et de ténacité qu'au point de vue stratégique nous connaissions en Afrique. Quant au fameux cap au Caire, s'il est presque devenu une réalité, c'est que l'Angleterre n'a pas échappé à la grande loi du « bluff » et que son entêtement à réussir a eu beaucoup plus pour but d'établir un record qu'un instrument utile et pratique.

Pardonnez-moi, Messieurs, de m'être laissé

entraîner à ces détails peut-être inutiles et permettez-moi de me résumer.

Il y a quelques jours, M. Chamberlain disait en parlant des colonies anglaises : « Il n'y a rien dont l'Angleterre ait besoin qu'elles ne puissent lui fournir, rien que l'Angleterre vende qu'elles ne puissent lui acheter. »

Que voilà bien, condensé admirablement en une forme quelque peu orgueilleuse, l'idéal de la colonisation pratique. Nous ne pouvons, hélas, prétendre réaliser cette formule complète, mais si nous n'entrevoyons pas le jour où nos colonies feront appel à tous nos produits, du moins, pourrons-nous peut-être trouver chez elles bien des matières premières, bien des objets de consommation que nous sommes obligés de demander aujourd'hui à nos rivaux.

C'est cette claire compréhension des nécessités futures qui vous a groupés pour ce qui regarde la production cotonnière.

Votre bel exemple d'initiative doit être couronné de succès parce qu'il est la vérité commerciale et coloniale.

D'ailleurs, quelle est la difficulté que vous ne puissiez surmonter?

Et laissez-moi, Messieurs, quittant le domaine

des choses sérieuses, terminer ce trop long discours par une boutade, si bien de circonstance que vous la pardonnerez, j'en suis persuadé.

Il y a dans notre langue imagée et souple une vieille formule que j'hésiterais à citer ailleurs qu'en un banquet, où l'esprit français et la bonne humeur gauloise semblent sourire au pétillement du vin blond de ma chère Champagne ; elle veut dire : « Il y a de la difficulté ! » mais elle dit : « Il y a du coton ! » Vous êtes précisément, Messieurs, les seuls qu'une semblable affirmation soit de nature à encourager à la besogne.

Je bois au succès de cette bonne besogne dont vous êtes les artisans.

Elle est coloniale, elle est française, elle sera profitable à nos colonies, à la France, à la République. (*Applaudissements*).

V

LE RAVITAILLEMENT DU TCHAD ET LA MISSION LENFANT

Il y a dans tous les continents comme des centres d'attirance où un maximum d'inconnu stimule l'activité des guerriers et des savants comme il provoque la sympathie curieuse des foules.

C'est parce que le Tchad était un de ces centres et l'est encore que Crampel paya de son sang sa soif de le connaître, que Maistre et Mizon l'approchèrent, que Monteil y parvint par un prodige de courage, que Gentil y navigua, triomphant de tous les obstacles et que, par un effort admirable auquel l'histoire ne rendra jamais assez hommage, les missions Foureau-Lamy, Joalland et Gentil, parties de 3 points cardinaux, se rencontrèrent, exactes au rendez-vous fixé plusieurs années à l'avance.

Mais parvenus au Tchad, il a fallu s'y maintenir ; le pays dévasté par trente ans de guerre ne produit rien ; il est exposé au Nord aux intrigues des Senoussias ; à l'Est le menacent les pillards du Kanem et les fanatiques du Ouadaï ; à l'ouest une imprudence des Allemands peut embraser les royaumes haoussas et cette position d'avant-garde n'est reliée à notre Congo que par une fragile ligne de portage.

Ainsi donc dans ce territoire exclusivement militaire, l'influence européenne n'a encore apporté que la sécurité ; toujours sur le qui-vive elle n'a pu rien mettre en valeur et, au surplus, le problème même du ravitaillement pratique est à peine résolu.

∴

On a espéré, sans grande conviction, atteindre le Tchad par le Soudan et le Niger. Casemajou fut massacré en étudiant la possibilité de relier par cette voie le Congo à l'Afrique occidentale française. L'expérience des missions Joalland et Foureau-Lamy a surabondamment prouvé que la malencontreuse ligne Say-Barrua, que nous nous sommes laissés imposer, sera plus utilement parcourue par des patrouilles que par des caravanes. Dans le pays entre le Niger et le Tchad il suffira de pratiquer une politique de police saharienne. Il faut renoncer à créer en ces régions des territoires militaires dont les coûteuses garnisons grèvent lourdement nos budgets pour assurer la parfaite sécurité de la Nigérie anglaise. C'est donc par le Congo que se fait aujourd'hui le ravitaillement du Tchad. Les marchandises transportées par navire jusqu'à Matadi empruntent le chemin de fer belge jusqu'à Leopoldville. Des chaloupes à vapeur assurent ensuite le service jusqu'à Bangui d'où, par pirogues et par porteurs, les approvisionnements franchissent la ligne de partage des eaux entre les bassins de l'Oubangui et du Chari.

On devine à quelles lenteurs et avaries sont exposées les caisses qui subissent de si nombreux transbordements et sont manipulées par tant de mains inexpertes. Les rapports officiels et les récits des explorateurs sont d'accord sur ce sujet.

En ce qui concerne les prix, la tonne de marchandise embarquée à Bordeaux pour Fort-Lamy revient après un voyage de trois mois —

si toutefois elle arrive — à la somme de 600 fr. au minimum (1). Le trajet par chemin de fer de Matadi à Léopoldville figure dans ce total pour 100 francs. Voilà pour un trajet de 300 kilomètres un prix coquet, surtout si l'on considère que de Bordeaux à Matadi, soit trois semaines de mer, le fret n'est que de 42 fr. 50. Et pourtant nos amis les Belges nous consentent un tarif de faveur ! Enfin il ne faut pas oublier qu'avec le système actuel tout le pays compris entre l'Oubangui et le Chari est sacrifié pour permettre le ravitaillement du Tchad, les populations passant le plus clair de leur temps sur les sentiers à transporter des charges.

*
* *

Ainsi donc le ravitaillement est impossible par la voie exclusivement française de l'Ouest. Il est lent et coûteux par la voie franco-belge du Sud.

Il s'est trouvé alors un passionné des choses d'Afrique pour chercher une troisième voie qui serait comme la bissectrice de l'angle formé par

(1) Le prix est essentiellement variable puisqu'il peut passer du minimum de 600 fr. à un maximum de 2.000 fr.

les deux premières. Cet homme, ce passionné est le capitaine Lenfant, et cette voie celle des fleuves Niger et Benoué.

Au lendemain des néfastes conventions de 1890 et de 1898 qui nous exclurent définitivement du bas Niger, il y eut comme une désaffection générale pour cette partie du fleuve. On affirma d'abord sur l'autorité de Toutée que le bas Niger formait un bief distinct irrémédiablement séparé du reste du fleuve par les rapides de Boussa. Le beau voyage de Hourst ne suffit pas à détruire ce préjugé, car on continue à communiquer avec le troisième territoire militaire, celui de Zinder, soit par le Soudan soit par le Dahomey. C'est alors que Lenfant offrit de remonter le Niger avec un convoi, de franchir les rapides de Boussa et de ravitailler Zinder et Say. Il réussit ; on douta encore. Il renouvela l'expérience et pour qu'elle fût concluante un troisième voyage fut entrepris par le capitaine Fourneau.

Encouragé par ces succès, Lenfant se proposa de ravitailler le Tchad par la voie fluviale. Une simple inspection de la carte montre combien la voie Niger-Benoué est plus courte que celle du Congo et l'économie apparaît surtout appréciable quand on considère que les chaloupes à vapeur peuvent remonter jusqu'à Garua sur la Haute Benoué. Peut-on, de Garua à la rivière Logone, affluent du Tchad, utiliser des chalands et des pirogues, faut-il au contraire en revenir aux porteurs? Nous le saurons bientôt et la belle dépêche si triomphante dans sa concision, expédiée ces jours derniers par Lenfant, semble d'ores et déjà assez affirmative à cet égard (1).

∴

Les avantages de la nouvelle voie sont directs et indirects.

Tout d'abord économie de temps, on peut même affirmer que cette économie sera au moins de moitié. Ensuite économie d'argent : jusqu'à Garua la tonne de marchandises revient à 200 fr. de transport. Si même de Garua au Logone ou au Chari le fret était encore de 200 francs, l'économie réalisée serait au moins d'un tiers.

Les avantages indirects seraient plus sérieux

(1) Nous savons aujourd'hui qu'il y a un transbordement nécessaire entre les deux rivières, mais malgré tout la voie nouvelle n'en reste pas moins un progrès et une économie.

encore. Tout le haut Oubangui délivré du portage rendrait administrateurs et administrés au souci supérieur de la mise en valeur et le territoire militaire du Tchad ne pèserait plus comme un poids mort sur notre Congo.

Enfin, chose plus importante encore, la réapparition du pavillon français sur le bas Niger et la Benoué serait une des plus heureuses conséquence du nouvel état de choses.

Les conventions internationales ont en effet établi pour toute l'Afrique occidentale la politique de la porte ouverte. Anglais et Allemands font un commerce actif dans notre Côte d'Ivoire et dans notre Dahomey. Il nous serait d'autant plus facile de prendre une place prépondérante sur la Haute-Benoué que nos rivaux se sont pas solidement installés en pays haoussa. Ces régions sont riches, les chaloupes qui remonteraient le fleuve chargées d'approvisionnement pour le Tchad, pourraient le redescendre avec les produits du pays et Kotonou bénéficierait de ce transit.

L'audace d'un des nôtres nous permet de réaliser une grande œuvre; mais encore faut-il vouloir. Ce n'est pas sans amertume que l'on constate que la mission Lenfant a été organisée par la société de géographie de Paris et le comité de l'Afrique française et que le ministère des Colonies ne lui a alloué qu'une trop modeste subvention et on se demande avec inquiétude quelle résistance vont opposer les sacro-saints bureaux quand il leur faudra abandonner la voie de ravitaillement du Congo pour laquelle existent des marchés, des tarifs et surtout... des imprimés !

Quoi qu'il en soit, la voie Niger-Benoué est la plus courte, la plus économique. On objecte qu'elle passe en pays étranger mais n'en est-il pas de même pour le chemin de fer Matadi-Leopoldville, et quand nous avons anéanti Rabah, ne l'avons-nous pas poursuivi jusqu'en territoire allemand ?

Par quel étrange scrupule devrions-nous donc seuls nous désintéresser d'un pays que les conventions internationales ont ouvert au commerce de toutes les nations ?

Au surplus, la brillante réussite de Lenfant ne supporte aucune discussion. Nous devons prouver la fierté que nous a donnée son succès en faisant qu'il ne reste pas un beau geste parmi tous ceux qui ont consacré la gloire de la France en terre d'Afrique.

Les chemins de fer en Afrique

VI

CHEMINS DE FER ÉTRANGERS EN AFRIQUE

I

Allemagne.

Quand l'Allemagne eut méconnu l'avis de Bismarck qui lui conseillait, non sans quelque prétention, « d'avoir des colons et non des colonies et de laisser à la France des colonies sans colons », qu'elle se fut laissé gagner à son tour par la fièvre des conquêtes, qu'elle eut négocié quelques comptoirs sur la côte de Guinée, tenu de la générosité anglaise en son Est Africain et de la merci de l'Europe ce lambeau de l'ancien empire colonial portugais qu'est le Sud-Ouest, il semblait à l'en croire qu'elle allait rajeunir toutes les méthodes de colonisation et renouveler au continent noir ces prodiges de patiente activité qui, dans la vieille Europe, l'avaient fait devancer la lenteur des siècles et en peu d'années lui avaient assuré une place prépondérante dans le concert des puissances.

Il n'est pas de pays où les groupements soient plus faciles et les imprimés plus abondants ; il n'en est pas où la propagande coloniale fut plus active et plus populaire et le monde colonial attentif admirait par avance le nouvel effort de ce peuple, que trente ans de vie dont trente de victoires avaient grisé de confiance et qui promettait de diriger sur ses nouveaux domaines les excédents de sa race prolifique et le trop plein de sa puissante industrie.

Il serait injuste de porter un jugement définitif sur la colonisation allemande après une expérience de quinze années, mais déjà l'Empire a pu se rendre compte qu'il a beaucoup à apprendre encore, et si toute sa politique coloniale se ressent de cette lourde réglementation, de cette pédante « politique d'assesseurs », comme la qualifient ses adversaires, c'est principalement l'outillage par le rail, pour lequel le pays semblait si admirablement doué, qui a donné lieu aux pires mécomptes et dont le bilan est surtout en coûteux déboires et chimériques projets.

Le Togo.

C'est la plus prospère des colonies allemandes d'Afrique, la seule qui soit parvenue à équilibrer son budget sans subvention (1). Au Dahomey voisin nous avons obtenu en aussi peu de temps de plus brillants résultats. Le commerce, sans prendre un grand vol, se développe normalement : 7 millions de francs en 1899, contre 10

(1) Budget des colonies allemandes africaines en 1903 (les chiffres sont en marks ; un mark = 1 fr. 25.

Togo :	Recettes	1.095.500	m.
	Dépenses	1.095.500	»
Cameroun :	Recettes	2.082.900	»
	Dépenses.	3.665.500	»
	Subvention de l'Etat : . . .	1.582.600	»
Sud-Ouest :	Recettes	2.171.380	»
	Dépenses.	8.431.400	»
	Subvention de l'Etat. . . .	6.260.020	»
Est Africain :	Recettes	3 096.700	»
	Dépenses.	8.711.500	»
	Subvention de l'Etat. . . .	5.614.800	»

millions en 1901, mais le Togo n'a pas de port ni même une lagune comme Kotonou.

On a construit alors à Lome un wharf et si on n'a pu doter la côte d'un port, au moins lui a-t-on donné un débarcadère; les frais de construction de ce wharf sont supportés par l'Etat (coût 1 million de francs environ). Ce débarcadère de Lome est relié par une voie ferrée de 42 kilomètres de long et de 0^{m},75 de large (transformable en voie de 1 mètre) aux autres comptoirs de la côte et notamment à Petit-Popo. L'Etat allemand a accordé pour la construction de cette voie une subvention de près d'un million de francs; mais la ligne est construite et sera exploitée par deux compagnies privées : la « Vereinigten Maschinen Fabrik » d'Augsbourg et la « Maschinen Bau Gesellschaft » de Nuremberg.

La colonie toutefois est gravement menacée dans son développement économique si elle n'assure pas rapidement ses communications avec l'intérieur du pays. A défaut, son trafic sera détourné, tant par la Côte d'Or anglaise, dont la Volta peut être parcourue par les pirogues et les petites chaloupes, que par notre chemin de fer du Dahomey. Les Allemands l'ont bien compris, mais en véritables apprentis colonisateurs qu'ils sont, ils ont commis les mêmes erreurs que nous avons commises en Algérie et failli commettre à Madagascar ; ils ont construit une magnifique route de Lome à Misahöhe, sur laquelle leurs rapports officiels ne tarissent pas d'éloges et dont, paraît-il, l'entretien est si parfait qu'au dire de leurs voyageurs on pourrait aisément y circuler en automobile.

Hélas ! peut-être reste-t-il encore quelques camions sauvés du naufrage au Soudan français ! Et ce qui est un comble, c'est qu'il est de notoriété que jamais la moindre voiture ne pourra suivre cette route ; les bêtes de trait (chevaux ou bœufs) succombant dès qu'ils parviennent à la côte, à la maladie sourra !

C'est alors que l'on a pensé à utiliser la route comme plate-forme pour un chemin de fer ; la voie aurait 120 kilomètres environ de long ; les terminus étant Lome sur la côte, Misahöhe, Agome-Palime ou Tove Djigbe dans l'intérieur ; la largeur serait de 75 centimètres, transformable en un mètre, et les difficultés de la construction seraient nulles. Déjà l'on a trouvé des concessionnaires ; les deux compagnies qui ont construit le wharf de Lome et la voie de Lome

à Petit-Popo constitueraient avec quelques compagnies de colonisation un syndicat.

Mais ce syndicat a de grosses exigences ; non seulement il réclame le monopole d'exploitation du chemin de fer projeté, ce qui est assez logique puisqu'il le construira, mais encore ceux de la ligne Lome-Petit-Popo et du wharf de Lome, construits par l'Etat, et enfin une subvention. Le Reichstag hésite ; déjà il consent de lourds sacrifices pour combler les déficits des budgets locaux ; il estime avec quelque raison qu'il est prudent d'attendre que les colonies aient prouvé leur vitalité autrement que par des budgets en déficit.

Le Cameroun.

Le Cameroun a aussi deux voies ferrées en construction. Cette colonie, dont l'avenir économique est incontestablement très brillant, mais dont tout l'outillage est à créer et surtout dont l'hinterland, qui comprend les fertiles plateaux de l'Adamaoua, est gravement compromis par la navigabilité de la Benoué, faisait déjà en

1900 pour 23 millions de francs de commerce.

Une première ligne de 60 kilomètres est en construction de Victoria à Meanja. Cette ligne, qui a 0m,60, est construite sans aucune subvention. Elle a été entreprise par un groupe de planteurs désireux de relier leurs domaines tant à la capitale Buea, qu'à la côte au port de Victoria. La construction, commencée en 1901, devra être terminée au cours de l'année 1904. Il n'est pas douteux que cette ligne, qui sera alimentée par les marchandises exportées du pays et qui aura le monopole du transport des approvisionnements administratifs considérables dans cette colonie dont l'expansion commence seulement, ne donne de fructueuses recettes.

Un projet beaucoup plus grandiose et certes beaucoup plus hasardeux, est celui dont le « Syndicat des chemins de fer du Cameroun » vient d'obtenir la concession. Cette société, au capital de 30 millions de francs, se propose la construction d'une ligne de 400 kilomètres vers le Nord; la voie serait de 0m,75 et le premier tronçon, Victoria-Moundame (200 km.), qui doublerait le fleuve Moundame, fort irrégulièrement navigable, devrait être livré en 1908. Les études viennent seulement de commencer. L'entreprise se ferait presque sans aucune subvention ; l'Etat n'accorderait qu'une concession de 50.000 hectares. Certes, si la tentative réussit, ce sera un des plus beaux triomphes d'initiative des capitaux allemands, mais réussira-t-elle? Quand on songe que ce chemin de fer devra parcourir des régions à peine explorées et pas encore occupées, et que nous-mêmes avons dû faire ces dernières années la police dans le Haut-Cameroun en le débarrassant des bandes de Rahba, il est permis de se montrer réservé.

Le Sud-Ouest.

La ligne de Swakopmund à Windhoek (382 kilomètres), est actuellement la plus importante des voies ferrées allemandes en Afrique. Cette ligne de 0m,60 fut entreprise pour des raisons stratégiques. En 1897, la tribu des Herreros menaçait, paraît-il, les établissements de la côte. Avec une belle assurance, le sous-secrétaire d'Etat, von Richthofen, proposa au Reichstag d'aller la châtier et, pour ce faire, demanda quelques millions, six au plus, pour faire en quelques mois le chemin de fer qui porterait les troupes allemandes jusque chez les rebelles. La ligne fut confiée au génie militaire, mais au lieu de quelques mois il fallut 5 ans pour la construire, et, déception plus douloureuse, les 6 millions en sont devenus 24. Nous n'avons pas seuls un Kayes-Bammakou ! C'est qu'en effet les difficultés techniques étaient considérables. Windhoek est à 1.638 mètres d'altitude ; en certaines parties de la ligne, les pentes sont si raides qu'on se demande s'il n'eût pas mieux valu tenter un funiculaire, et entre les gares de Richthofen et de Khan on a dû organiser de véritables relais de locomotives, car les convois doivent être dédoublés. Il faut joindre à cela la sécheresse du climat, désertique sur la côte et tempéré seulement à l'intérieur, et les difficultés de débarquement dans le port de Swakopsmund qu'il a fallu d'abord outiller pour la réception des matériaux. Peut-être le tracé a-t-il été fait avec trop de hâte. Une voie de 0^{m},60 n'exigera-t-elle pas bientôt de coûteuses réfections ? On peut le craindre, et l'expérience que nous en avons faite au Soudan n'a pas été encourageante ; surtout n'est-il pas imprudent de faire traverser des lits de rivière par la voie. C'est beaucoup trop compter sur la sécheresse et oublier que, même dans l'extrême Sud algérien, il y a des crues subites et des inondations.

L'heure est encore lointaine où ce chemin de fer couvrira ses frais. Il est vrai qu'il aboutit à une région où la colonisation de peuplement est très possible, mais les excédents de la population allemande n'ont pas encore appris ce chemin. Le gouvernement de l'Empire avait beaucoup compté sur les Boers irréductibles. Fort probablement ceux-ci n'iront pas plus à Windhoek qu'à Madagascar ou dans l'Amérique du Sud, mais resteront dans la colonie. Le mince trafic du Sud-Ouest (moins de dix millions) se fait sur la côte. Cette expérience de la voie de pénétration n'a pas été heureuse ; la ligne de Swakopsmund Windhoek se perd dans le vide, et si en ces derniers mois on se montre en Allemagne moins inquiet sur son sort, c'est qu'on nourrit l'espoir que bientôt on viendra au secours du sentier de fer perdu dans ces vastes immensités.

C'est une Compagnie anglaise, la South West Africa and C°, qui accomplirait l'œuvre de sauvetage. Cette Compagnie vient d'acquérir les droits de la Compagnie allemande des mines d'Otavi, dont les claims, inexploités encore, sont situés à quelques centaines de kilomètres au nord de Windhoek. La S. W. A,. qui a déjà de gros intérêts dans l'Angola portugais, relierait Otavi au port portugais de Port Alexandre et pousserait au Sud le rail jusqu'à Prétoria. Cette voie de 1^{m},06, comme tout le réseau du Cap, aurait quelques 2.000 kilomètres de long; bien entendu, elle passerait à Windhoek et les Allemands espèrent que les voyageurs passeront par Swakopsmund au lieu de prendre le chemin de fer à Port-Alexandre. Escompter les projets de voyageurs projetés, sur une ligne projetée, voilà bien des chimères. Le port Alexandre-Prétoria n'est pas encore fait. Les Anglais bluffent aimablement ; quand derrière leur bluff il y a une émission d'actions, il faut être plus circonspect. Les Allemands ont perdu quelques millions dans une voie dont l'utilité est plus que contestable. L'erreur est humaine, la prolonger en s'associant à un projet fantaisiste serait une naïveté.

L'Est Africain.

A peine l'Est africain fut-il colonie allemande que les cercles coloniaux, séduits par l'éternel mirage de la pénétration, émirent des vœux pour que l'on reliât la côte aux grands lacs. Il y eut la course au Tanganyika, comme il devait y avoir la course à Tombouctou et au Tchad. Dès 1891, une compagnie obtenait la concession d'une ligne de Tanga à Korogwe, ce devait être l'amorce du chemin de fer du Tanganyika ; mais dans l'attente des richesses du centre de l'Afrique, la ligne devait être alimentée par les produits des plateaux de l'Usambara. La compagnie concessionnaire avait un capital de 2.500.000 francs, l'Etat lui venait en aide par des concessions de terres ; chaque kilomètre exploité assurait à la compagnie 4.000 hectares. Quand on songe que le syndicat du Cameroun n'a obtenu que 50.000 hectares pour 400 kilomètres on conviendra que les temps sont changés. Les travaux commencés en 1892 furent poursuivis sur 40 kilomètres seulement, avec une largeur d'un mètre et ce tronçon Tanga Mouhesa fut achevé en 1895 ; tout le capital de la compagnie avait été absorbé par les travaux.

L'exploitation ne fut pas heureuse. Les ingénieurs, qui n'avaient aucune pratique des constructions en pays tropical, ne surent pas protéger efficacement la voie contre les chutes d'eau. En 1896, la ligne était en si piteux état qu'il fallut interrompre la circulation. Par contre, on avait gaspillé de grandes sommes pour faire des gares luxueuses en pierre, alors que tous les bâtiments du pays sont en bois ou en torchis et, surtout, le cahier des charges était un monument de réglementation mesquine et dogmatique. Rien n'échappa à la prévoyance de ses rédacteurs; on y réglementa les passages à niveau, on ne manqua pas d'interdire la descente du train en marche et nombreux étaient les renvois à la loi prussienne sur la circulation en chemin de fer. On se demande s'il faut rire ou s'indigner de tant de précautions. La Compagnie fit de bien mauvaises affaires. Dès 1897 l'Etat allemand vint à son secours par une subvention mensuelle de 7.500 francs. En 1899 enfin, la ligne fut rachetée par l'Etat pour la somme de 1.700.000 francs, ce qui était exagéré, car on dépensa 400.000 francs en réparations urgentes. En même temps on prolongeait la voie jusqu'à Korogwe (de Mouhesa à Korogwe 45 kilomètres). En résumé cette ligne de 86 kilomètres que l'on a mis dix ans à construire, a coûté près de 100.000 francs le kilomètre. Sur le vu de ces peu brillants résultats, le Reichstag a refusé le crédit de 4 millions de francs que lui demandait le Gouvernement pour prolonger la ligne jusqu'à Mombo (44 kil.).

Le peu de succès du chemin de fer de l'Usambara a refroidi les enthousiasmes pour le Grand-Central qui, de Dar-Es-Salam, devait se diriger sur Mrogoro (230 kil.) et y bifurquer ; une ligne allant au nord, l'autre au sud du lac Tanganyika. Ce projet qui suscite en Allemagne d'aussi vives discussions que chez nous le transsaharien, a été condamné une première fois par le Reichstag qui a refusé un crédit de 2.500.000 francs pour les études préparatoires. Depuis, les coloniaux sont revenus à la charge et la Commission du budget a émis un vote favorable au projet. L'Etat garantirait 3 0/0 à la Compagnie.

En résumé, l'Allemagne n'a pas été heureuse dans ses entreprises de voies ferrées. Les deux seules qui soient exploitées, celles de l'Usambara et du Sud-Ouest, ont été désastreuses au point de vue financier et sont encore bien loin de rémunérer les capitaux qui y ont été engagés.

Des voies en construction, il est probable que les petites lignes, Lome-Petit-Popo et Victoria-Meanja, donneront de meilleurs résultats ; si près de la côte elles sont assurées de trouver du trafic, mais il est difficile de les considérer comme de puissants outils de mise en valeur.

Des voies projetées enfin, la ligne de Lome

Misahöhe semble assurée d'un succès certain ; quant aux projets du Cameroun, du Sud-Ouest et de l'Est, il faut bien reconnaître que leurs seuls gages de réussite sont les espérances optimistes de leurs partisans.

S'il se dégage de l'examen du réseau allemand un enseignement, c'est le danger de l'immixtion de la métropole dans des entreprises qu'elle est trop éloignée pour préparer et pour contrôler ; les expériences de l'Usambara et de Windhoeck sont aussi décisives que celles de Saint-Louis-Dakar ou du Soudan. Quelle différence entre le petit chemin de fer du Cameroun et celui de l'Usambara. Mais cet enseignement nous l'avons trop souvent donné nous-même pour qu'il nous soit encore nécessaire de le recevoir de l'étranger.

II

Angleterre

C'est la rigidité d'un système que nous avons rencontrée tant dans l'étude des chemins de fer de l'Afrique française que de l'Afrique allemande. On y a si bien prêché la théorie du rail créateur de débouchés nouveaux, qu'il est devenu le pivot de la politique coloniale économique de ces deux grandes puissances. Si grande fut sa séduction, qu'avec quelque raison on pourrait dire que l'affection ou l'intérêt que la métropole porte à ses colonies se mesure au nombre de kilomètres des voies ferrées. Ainsi la Côte d'Ivoire, riche, mais impopulaire, doit encore se contenter d'un projet, que déjà la Guinée, vulgarisée par l'admirable Ballay, et le Dahomey, adopté par le pays depuis que ses enfants y ont versé leur sang, peuvent se prévaloir de réseaux de plusieurs centaines de kilomètres. Ainsi le Togo, sans aucun doute la colonie allemande dont l'exploitation serait la plus aisée et la plus rémunératrice, n'a jamais suscité cette dangereuse sympathie qui menace les finances de l'Empire allemand d'un Grand Central. Chez les Anglais cette apothéose du rail est inconnue. En vain parcourt-on les rapports officiels, les ouvrages coloniaux de quelque importance ou les délibérations des sociétés savantes, jamais on y trouvera cette hâte fiévreuse, cette folie de construire et de projeter d'où sont nées les pires utopies sur le continent. Leurs colonies de la côte de Guinée ont continué à se développer normalement et c'est normalement comme des organes nouveaux, appelés par ce développement naturel, que les voies ferrées sont venues les outiller.

Ces lignes se sont construites sans bruit, elles ne se proposent aucun de ces buts qu'une vulgarisation trop simpliste a assignés sans raison à l'activité des peuples colonisateurs ; personne n'en parle et nous-mêmes — il faut avoir le courage de le dire — nous, qui sommes les plus intéressés au développement de l'Afrique occidentale, nous les ignorons. Et pourtant ces lignes sont les plus importantes par leur développement kilométrique et leurs méthodes de construction sont du plus précieux enseignement. A côté de ces voies d'exploitation, l'Angleterre a créé, en Afrique, un magnifique réseau stratégique. Les lignes d'Egypte nous sont bien connues, mais quel merveilleux effort que celui qui construisit, en quelques années, la voie de l'Ouganda, quelle éloquente preuve de la rapidité de décision et de la ténacité dans l'exécution que les Anglo-Saxons savent déployer aux heures critiques ! et cet effort est le meilleur témoignage que, si l'Empire s'est à peu près désintéressé des chemins de fer de l'Afrique occidentale, la cause n'en était pas une molle apathie. Enfin, à l'opposé de ces voies d'exploitation et stratégiques, il y a dans le bassin du Zambèze et la Rhodesia tout un réseau, que, sans trop grande sévérité, on pourrait qualifier de réseau de spéculation. Les Compagnies s'y montrent prodigues de milliers de kilomètres, construits avec des millions de francs. Rhodes a passé par là, son audacieux génie d'aventurier a fécondé ces immenses espaces et tous ses fantastiques projets sont dignement couronnés par ce bluff qui ne répond à aucun besoin, dont la plus évidente raison d'être est d'étonner le monde : Le Cap au Caire.

Sur la côte de Guinée, l'Angleterre possède trois colonies, toutes trois enchâssées dans notre Afrique occidentale française et enserrées par elle : Sierra Leone, Gold Coast et Nigeria. Chacune a un chemin de fer.

Sierra Leone.

La ligne côtière Freetown Bô a 220 kilomètres de long, la voie est de $0^m,76$. La construction a commencé en 1895. La première section, Freetown Songotown (52 kilomètres) fut livrée en 1899. La deuxième, Songotown Rotifunk (37 kilomètres), en octobre 1900. La troisième, Rotifunk Moyamba (128 kilomètres), en novembre 1901 ; la dernière section, Moyamba Bô (220 kilomètres), sera livrée en 1903.

Si la construction de la première section fut particulièrement lente, c'est qu'aussi les difficultés étaient particulièrement grandes. Dans les autres sections la voie fut construite à raison de 10 kilomètres par mois ; comme la moyenne en pays tropical est de 50 kilomètres par an, on voit que cette ligne a été construite avec une grande rapidité. Les frais de construction ont été supportés par la colonie, qui a contracté, au taux de 3,5 0/0, un emprunt à une caisse analogue, à notre Caisse des Dépôts et Consignations; de Freetown à Songotown, le kilomètre a coûté 100.000 francs, 65.000 francs de Songotown à Rotifunk et 55.000 francs seulement de Rotifunk à Bô. Les travaux ont été entrepris par la maison Shelford. Cette construction n'a pas été sans grever lourdement les finances de la colonie; celle-ci inscrit annuellement une somme de 550.000 francs à son budget pour l'amortissement de l'emprunt et les déficits d'exploitation s'élèvent à une somme sensiblement égale. La mère patrie a d'ailleurs assez souvent aidé la colonie de ses finances, mais ces libéralités, qui n'ont pas la régularité de nos subventions coloniales, sont assez rares. Le gouvernement impérial a, par contre, formellement promis de prendre à sa charge la construction d'éventuels embranchements ou prolongements. Déjà l'on se propose à Freetown de prolonger la ligne côtière de Bô à la frontière du Libéria et de greffer à Songotown un embranchement de 270 kilomètres qui atteindrait Fallaba, près des sources du Niger. Sierra Leone figure honorablement dans le commerce général de l'Afrique occidentale ; de 1889 à 1898 son trafic a progressé de 15 à 22 millions. Quand, dans quelques années, son chemin de fer sera en pleine exploitation, alors que ses rivales seront dans la période de crise qui accompagne toute construction, il est probable que sa place sera prépondérante.

Goldcoast.

La ligne de Sekondi à Coumassie (320 kilomètres) demeurera parmi les plus difficiles chemins de fer tropicaux qui aient été entrepris. Une végétation spontanée, serrée, menaçait la régularité des terrassements. Une guerre acharnée, celle de Ashantis, contribuait encore à éloigner une main-d'œuvre rare déjà par suite des instincts belliqueux de ces peuplades ; une crise économique restreignait les exportations et la métropole refusait tout concours. En 1900 cependant la maison Shelford and Son commençait cette ligne de 320 kilomètres de long, dont la voie de 1^{m},067 était celle des lignes du Cap et en 1903 l'œuvre sera terminée. On construit 8 kilomètres par mois.

Les ressources financières ont été obtenues par une double opération. Le premier tronçon, Sekondi Tarkaoua (138 kilomètres), où le kilomètre a coûté en moyenne 90.000 francs, a été construit pour le compte des grandes compagnies minières de la colonie et notamment l'Ashanti Goldfields Corporation et la West African Gold Trust. Le second tronçon au contraire, de Tarkaoua à Coumassie, où le kilomètre a atteint et dépassé 100.000 francs, a été construit aux frais de la colonie, qui s'est procurée les ressources nécessaires par un emprunt de 26 millions de fr. Et, phénomène assurément digne de remarque, c'est une compagnie privée, l'Ashanti Goldfields Corporation, qui a garanti l'emprunt contracté par la colonie. Non pas d'ailleurs que ce soit là un exemple que nous serions heureux de voir imiter dans nos possessions. L'histoire de l'Angleterre — et il n'est pas besoin de remonter très loin dans le passé — nous enseigne dans quelles aventures, ces puissantes compagnies risquent de compromettre le bon renom de leur pays, mais l'exemple de ce chemin de fer, construit au prix des plus grandes difficultés, pour la réussite duquel toutes les forces vives de la colonie se sont liguées, n'est-il pas le plus pressant des avertissements! Faut-il que nous tardions encore plus longtemps?

Nigeria.

C'est sans aucun doute la plus belle des colonies tant anglaises qu'étrangères de la côte de Guinée. Ce pays est fertile; la mise en valeur y est aisée; il y a deux magnifiques voies navigables, le Niger et la Bénoué et, rare privilège dans ces contrées épuisées par les guerres intestines, la population y est dense. Abeokouta compte 150.000 habitants, Ibadan 180.000. La construction d'une voie ferrée devait y donner de fructueuses recettes.

Le chemin de fer de Lagos à Ibadan a 197 kilomètres de long; la largeur de la voie est de $1^{m},067$. Il est déjà question de la prolonger au Niger (240 kilomètres d'Ibadan). La maison Shelford and Son a commencé la construction de cette voie en 1896 et l'a terminée en 1901; le prix kilométrique a été de 125.000 francs. Il est bon d'ajouter que la ligne a nécessité des travaux d'art considérables, notamment un pont de 750 mètres et deux de 275 mètres sur le Niger.

C'est la colonie du Lagos qui a entrepris la construction de cette voie ferrée, grâce à un emprunt de 26 millions de francs qui lui a été consenti par l'Empire. Les annuités d'amortissement représentent 22 0/0 des charges budgétaires, mais il est à peu près certain que dans peu d'années les recettes balanceront les dépenses. La ligne était inaugurée en 1901 ; en 1903 on prévoyait déjà à son budget un excédent de recettes de 120.000.

. . . .

L'empire britannique a entrepris la construction de quelques voies stratégiques, dont l'audacieuse conception et la rapidité d'exécution forcent notre admiration. La plus remarquable de ces voies stratégiques est le chemin de fer de l'Ouganda.

Comme dans toutes les colonies où une politique d'expectative et de tâtonnements lui a paru être la meilleure préparation à une politique d'action vigoureuse, l'Angleterre avait consenti, au lendemain même des traités qui lui assuraient la souveraineté des sources du Nil, à une compagnie privilégiée, l'Imperial British East Africa Company, une véritable délégation de souveraineté (1888). Mais aussi, dès qu'il apparut que le madhisme ne se contenterait pas du Soudan égyptien qu'on lui avait étourdiment abandonné et que ses tentatives d'hégémonie musulmane devenaient d'autant plus inquiétantes, que le nouveau khédive manifestait quelques velléités d'indépendance, l'empire se substitua à la compagnie privilégiée et sa première pensée fut de construire rapidement le chemin de fer, dont l'ingénieur Macdonald venait d'étudier, très superficiellement d'ailleurs, le tracé, pour pouvoir jeter en quelques jours l'élite de ses troupes indiennes au cœur même du Soudan. L'entreprise était gigantesque. De Mombaz à Port-Florence il n'y avait pas moins de 935 kilomètres à franchir; sur plus de la moitié du parcours la ligne devait traverser des steppes si arides que les locomotives ne trouveraient même pas à s'y approvisionner en eau; la main-d'œuvre faisait complètement défaut et surtout il y avait des altitudes de 1.660, de 2.520 mètres, séparées par des failles profondes. Cette ligne fut commencée en avril 1897; on progressa à raison de 14 kilomètres par mois; c'est le record de la rapidité en pays tropical; en décembre 1901 les 935 kilomètres étaient livrés à l'exploitation et des vapeurs amenés par le rail allaient montrer l'« Union Jack » sur les rives du lac Victoria. 20.000 coolies des Indes, pour lesquels il avait fallu tout organiser, l'alimentation, le campement, l'hospitalisation, avaient été employés aux travaux ; on avait vaincu la sécheresse par des forages et quand ceux-ci ne produisaient aucun résultat (il y a aujourd'hui encore 8 gares sur 41 absolument privées d'eau), on y suppléait en attelant au convoi des tenders pleins d'eau ; les pentes abruptes des failles enfin, furent escaladées par des funiculaires.

La voie est de 1 mètre. Il avait fallu aller vite, arriver au Soudan avant que le madhi ne l'eût gagné à sa cause, aussi commença-t-on par poser une voie de fortune, une voie temporaire ; souvent les rails étaient placés directement sur le sol et les travaux d'art se faisaient en bois. Graduellement, cette voie temporaire fut remplacée par une voie permanente, en bien des endroits il fallut opérer une réfection complète, adoucir les pentes ou les courbes, changer les traverses, rebâtir les ponts.

Il n'est pas surprenant que cette entreprise, où tout était sacrifié à la rapidité, ait été très onéreuse, mais le Parlement n'a pas ménagé les crédits; en 1895, il accorda 75 millions de francs et 50 en 1902, et il semble que ces sacrifices ne soient pas suffisants; il est probable que le kilomètre reviendra à 140 ou 150.000 francs. Il est tout naturel que cette voie stratégique s'exploite en déficit; ses directeurs estiment que, jusqu'en 1910 au moins, ces déficits d'exploitation seront de 2 millions et demi de francs, mais, chose curieuse, les tarifs de ce chemin de fer, qui fut un des plus coûteux de tous les rails africains à construire, sont, pour le trafic, parmi les moins élevés. Les prix, tant pour voyageurs que pour marchandises, sont égaux à ceux de la ligne de Beira à Salisbury dont, cependant, le développement kilométrique est inférieur d'un tiers.

Il est bon de rapprocher du chemin de fer de l'Ouganda les voies stratégiques construites par les troupes anglaises pour le compte de l'Egypte, quand il fallut reconquérir le Soudan; les lignes de Ouadi Halfa à Dongola (322 kilomètres) et à Khartoum (927 kilomètres), commencées en 1896, étaient terminées en 1900.

Les 880 kilomètres qui séparent Le Caire d'Assouan, sont couverts par le train en 22 heures; d'Assouan à Ouadi Halfa, il faut deux jours par le fleuve (360 kilomètres), et 26 heures de chemin de fer pour parcourir les 927 kilomètres de Ouadi Halfa à Khartoum, on va en quatre jours du Caire à Khartoum, en quatre jours aussi du Cap à Fort Salisbury, mais on met toujours une bonne semaine pour aller de Dakar à Kayes, qui est cependant trois fois moins distant de la côte.

Les voies de spéculation (Rhodezia, Zambèze).

La Rhodesia est devenue un centre d'attraction des voies ferrées. Dès 1897, la ligne du Cap atteignait Boulouwayo et en 1902, malgré la guerre anglo-boer, Fort-Salisbury, où elle se raccordait à la ligne anglo-portugaise Beira-Salisbury. Sur ces deux lignes sont venues se greffer toute une série de projets fantaisistes, véritables jongleries financières.

Déjà nous avons cité le projet Port-Alexandre-Prétoria ; en étudiant les voies portugaises nous aurons à revenir sur cette voie, et toutes celles qui, patronnées par les spéculateurs anglais, n'ont trouvé qu'un trop facile accueil dans les colonies portugaises. Il y a dans le bassin du Chire un projet anglais ; le syndicat qui le patronne se borne en fait de travaux préparatoires à une abondante distribution de prospectus et d'émissions ; la ligne Boulouwayo-Salisbury est prolongée jusqu'aux Fall's. Il semble que depuis que Rhodes a passé dans ce pays tout doive aller par réclames, un congrès savant même a pris rendez-vous pour l'an prochain sur les bords du Zambèze ; le train, la nouvelle ville terminus du Cap au Caire, seront inaugurés par les congressistes. Par une ironie amère on a donné le nom de Livingstone à cette nouvelle métropole de la Rhodesia. On eut pu épargner à l'admirable pionnier de la civilisation cette suprême injure.

Que se dégagera-t-il de la Rhodesia ?

Le rail franchira-t-il comme il en est question les Fall's sur un pont gigantesque ! Atteindra-t-il les lacs ? puis le Nil ? ou l'idée mourra-t-elle avec celui qui l'a conçue ?

L'effort fait par l'empire britannique pour donner des chemins de fer à ses colonies d'Afrique est incontestablement le plus prodigieux de celui de toutes les métropoles et cet effort s'est exercé avec une sage mesure. Quand il y avait urgence en la demeure, l'Etat n'a pas hésité à se charger des travaux, mais cette coûteuse intervention a toujours été exceptionnelle et les frais élevés ont trouvé leur excuse dans la merveilleuse rapidité avec laquelle a été menée la construction. Gagner du temps est aussi une économie. Le plus généralement, l'Etat a laissé aux colonies leur libre initiative et il n'en est pas une qui ne se soit montrée digne de la responsabilité qu'elle assumait si courageusement. C'est là qu'est pour nous l'enseignement ; nos colonies de la côte de Guinée n'ont rien à envier à leurs voisines étrangères, ni au point de vue de la prospérité de leurs finances publiques, ni au point de vue du développement de leur trafic, ni surtout au point de vue d'une sage et économe administration. Est-il surprenant qu'elles demandent à la métropole cette confiance que les colonies anglaises ont trouvée en Angleterre et qui, au lieu des subsides variés et irréguliers accordés par la Grande-Bretagne, tantôt sous forme de subventions en argent, tantôt sous forme de promesses de construire d'éventuels prolongements, tantôt sous forme d'emprunts ou d'autres facilités de crédit, les nôtres demandent pour leurs travaux l'aval de la France !

III

Belgique.

Ce sont les Belges qui sont considérés comme les vulgarisateurs du rail en Afrique tropicale. Leur audace fut grande d'entreprendre une voie devant laquelle la France avait reculé, d'autant plus, que notre tracé Loango-Brazzaville, quoiqu'un peu plus long, était certainement plus facile que celui de Matadi à Leopoldville ; nous arrivions en effet par des pentes graduelles aux altitudes que les Belges ont dû franchir aux seuils des cascades et, aujourd'hui surtout, il est plus que probable que la ligne française eut été construite avec moins de frais. Leur entreprise a été surtout popularisée par la participation très active du souverain qui devenait le premier commerçant des immensités vierges, que certes le congrès de Berlin ne lui avait pas concédées dans ce but, et par l'intelligente activité de toute une brigade de jeunes officiers, publicistes, économistes, financiers, autant et plus qu'hommes d'épée, en tête desquels il faut citer l'homme qui devint l'intendant de l'Etat dont son roi était le propriétaire, le major Thys.

La ligne de Matadi à Leopoldville a 390 kilomètres de long et 0^{m},75 de large ; elle fut commencée en 1890 et on espérait alors la terminer en 4 ans ; cependant, en 1892, il n'y avait que 9 kilomètres terminés, dont la construction avait englouti la moitié du capital social. Les difficultés à vaincre étaient en effet presque insurmontables. Le climat était meurtrier sur la côte, on n'y trouvait pas d'ouvriers et il fallait aller les recruter sur la côte de Guinée, ce qui n'allait pas sans nouveaux frais, nouveaux retards et graves objections des colonies intéressées qui s'opposaient par tous moyens à l'exportation d'ouvriers dont elles avaient elles-mêmes un pressant besoin. Surtout, les difficultés techniques étaient considérables ; le passage des monts Palaballa notamment exigea les plus grands sacrifices et c'est à peine si, en 1893, on put ouvrir un premier tronçon de 43 kilomètres ; la ligne ne fut terminée qu'en 1898. Les mécomptes financiers dépassèrent les prévisions des plus pessimistes ; les premiers kilomètres avaient coûté 240.000 francs, les suivants 168.000 francs et les moins chers avaient atteint le chiffre très respectable, pour une voie de $0^{m},75$, de 100.000 francs. L'ouvrage entier revenait à 75 millions, alors qu'on l'avait estimé à 25 millions.

Comment s'était-on procuré les ressources? Ce fut l'Etat belge qui sauva l'entreprise du naufrage. En juillet 1889 la concession pour 99 ans avait été consentie à la « Compagnie du Chemin de fer du Congo ». Cette Compagnie avait un capital de 25 millions, mais 10 millions avaient été souscrits par la Belgique, qui stipulait un intérêt maximum de 3 1/2 0/0 et le remboursement au pair.

C'était une première avance, dont le remboursement était renvoyé à une date indéterminée.

Quand, après les premiers kilomètres cependant, il apparut que le capital de 25 millions serait notoirement insuffisant, l'Etat belge, avec une bonne grâce à laquelle il est difficile de ne pas rendre hommage, fit une nouvelle avance de 5 millions, afin qu'on pût émettre 35 millions d'obligations, dont la Belgique en garantissait 10 à 3 0/0.

En résumé donc, la Compagnie concessionnaire n'était intéressée que pour 15 millions. Elle fut d'ailleurs amplement dédommagée des craintes qu'elle pouvait avoir sur leur sort.

D'abord elle avait la concession pour 99 ans d'une voie que la Belgique s'acharnait à construire, quoiqu'il advint. La faillite lui était donc certainement épargnée ; en outre, elle recevait, d'après l'acte de concession, non seulement tous les terrains nécessaires à la construction et à l'exploitation, mais encore une bande de 200 mètres de large à droite et à gauche de la ligne et 1.500 hectares pour chaque kilomètre construit et exploité. La Compagnie possède aujourd'hui de ce chef un domaine de 615.000 hectares.

Comme le Leopoldville-Matadi est l'unique voie de pénétration dans le bassin du Congo, la Compagnie a appliqué des tarifs de monopole, c'est ainsi que de 1898 à 1900, les voyageurs payaient 500 francs pour le voyage de 400 kilomètres alors que sur le chemin de fer de l'Ouganda, qui a 931 kilomètres, le prix du billet n'est que de 180 fr. ; et, bien entendu, les marchandises étaient taxées avec tout autant de sévérité. Par contre, les bénéfices furent considérables ; 8 millions en moyenne de 1897 à 1901 ; ces bénéfices servent d'abord à rémunérer les actionnaires et l'Etat indépendant du Congo, la Belgique seule étant exclue, car son souverain touche pour elle, ils servent aussi à constituer une puissante caisse de réserve qui parera aux pires éventualités et notamment au tort que pourrait causer une compagnie étrangère concurrente. C'est surtout une voie française que les Belges paraissent redouter ; tant pour nous enlever l'envie de la construction, que pour marquer leur reconnaissance du respectable fret que nous donnons à leur voie, en en faisant tributaires nos colonies du Congo, de l'Oubangui et du Chari, ils ont consenti à notre profit une réduction de 50 0/0 sur les tarifs en vigueur.

Pour être complets il nous faut citer dans le bassin du Congo, à côté du Matadi Leopoldville, trois autres entreprises belges, toutes trois concessionnaires de l'Etat indépendant du Congo et rémunérées en concessions de terres ; ce sont les entreprises du Mayombe, des Grands Lacs et du Katanga.

La ligne de Mayombe a pour objet de relier Boma, port de la rive droite de l'estuaire du Congo, à Buku-Dungu, le point où la rivière

Tchiloango, qui forme la frontière franco-congolaise, devient navigable. Cette ligne de 150 kilomètres est à voie de $0^{m},75$; elle est exploitée en partie et les travaux seront complètement terminés en 1903.

Le 4 janvier 1902, l'Etat indépendant a accordé à la « Compagnie des chemins de fer du Congo supérieur aux Grands Lacs africains » la concession d'une ligne reliant le Congo, aux environs de Stanley-ville, au lac Tanganyika, aux environs d'Albertville.

La Compagnie devra en outre exécuter deux lignes qui contourneront les rapides de Stanley-ville et de Hinde.

L'Etat s'engage à construire l'infrastructure de cette voie pour le compte de la Compagnie; la voie sera d'un mètre et c'est la Compagnie qui demeure chargée de la superstructure. Il va sans dire que la Compagnie est surtout une Compagnie de colonisation ; c'est ce qui résulte de l'acte de concession dont voici les principaux articles :

Art. 2. — L'Etat accorde à la Compagnie concessionnaire l'usage de tous les terrains nécessaires pour l'établissement de la voie et de ses dépendances, y compris les quais de débarquement et d'embarquement aux points terminus des chemins de fer concédés, ces terrains seront au besoin expropriés par l'Etat et à son compte pour être remis sans frais à la Compagnie.

Art. 3. — L'Etat attribue en outre à la Compagnie, à partir de ce jour et jusqu'à l'expiration de la concession des lignes prévues à l'article 1er, 4 millions d'hectares de terres et forêts à désigner par lui formant une bande, au sud et le long du chemin de fer désigné à l'article 1er, lesquels, sauf conventions ultérieures contraires, seront exploités par l'Etat dès la constitution de la Société pour compte commun, les bénéfices à provenir de ces exploitations étant partagés par moitié entre l'Etat indépendant du Congo et la Compagnie concessionnaire.

Art. 4. — L'attribution de terres, forêts et mines, sera augmentée proportionnellement aux augmentations du capital de la Société, prévus par l'article 7 ci-après. Ces terres seront choisies à la suite des 4 millions d'hectares déjà concédés de façon à former un bloc continu.

Art. 5. — L'Etat autorise les Compagnies à faire des recherches minières dans le sous-sol des terres et forêts désignés ci-dessus.

En cas de découvertes de gisements miniers, l'Etat lui en concède l'exploitation.

Cette exploitation sera faite, soit par la Compagnie, soit par des sociétés filiales à constituer. Dans le cas d'exploitation par la Compagnie la moitié des bénéfices nets reviendra à l'Etat.

Dans le cas d'exploitation par des sociétés filiales, la moitié des apports et des avantages, généralement quelconques, attribués à la Compagnie appartiendra à l'Etat.

Art. 9. — L'Etat indépendant du Congo garantit à partir du 1er janvier 1902 un minimum d'intérêt de 4 0/0, plus l'amortissement en 99 ans aux actions du capital de la Société. C'est-à-dire que lorsque les bénéfices à provenir, tant de l'exploitation des chemins de fer que de l'exploitation des terres et mines attribuées à la Compagnie ne suffisent pas à payer 4 0/0 aux actions du capital plus l'annuité d'amortissement, l'Etat suppléera chaque année aux insuffisances à due concurrence. La même garantie d'intérêt et d'amortissement est accordée aux actions de capital créé par les augmentations de capital à réaliser dans les conditions ci-dessus.

ART. 10. — L'Etat indépendant du Congo fera les études et arrêtera les tracés de lignes concédées. Les tracés ne pourront être dans la suite modifiés par le concessionnaire sans le consentement de l'Etat du Congo.

Enfin une troisième compagnie belge, plus modeste cependant que la précédente, qui se propose de drainer tout le trafic des Grands lacs en les reliant au Congo par deux rails, l'un au Nord du lac Albert, l'autre vers le centre du lac Tanganyika, a pris pour but le Katanga.

Le Katanga est cette région abondamment arrosée, qui marque le partage des eaux entre les bassins du Congo et du Zambèze ; de récentes explorations, notamment celle du capitaine belge Lemaire, en ont vanté les richesses et aussitôt les chemins de fer ont été projetés.

Les Anglais, à peine arrivés au Zambèze, songeraient déjà à le franchir et à courir vers la frontière de l'Etat indépendant ; de l'Angola portugais jaillirait une voie de 1.400 kilomètres, toujours pour atteindre le Katanga, et les Belges, qui ne voudraient pour rien au monde se laisser distancer, ont commencé par placer la région sous séquestre en la concédant à une compagnie, dont M. Thys est naturellement l'âme et le roi souverain le commanditaire. Puis ils se sont préoccupés de relier Kengola, le terminus du futur rail de la Compagnie des Grands Lacs, à Kansanshi, un foyer de richesses, paraît-il, véritable terre promise, où, à côté de terres pour toutes les cultures tropicales, on trouverait des mines pour tous les métaux. Comme le Katanga est voisin de la Rhodesia, ces merveilles ne doivent pas nous surprendre. Pour exploiter ces richesses du Katanga, les Belges proposent, bien plus, prônent avec quelqu'orgueil, la voie de communication suivante qui, à défaut d'autres qualités, a tout au moins le mérite de l'originalité. Les produits seraient apportés à dos d'homme à Kansanshi, transportés par rail au confluent du N'zilo (400 kilomètres), par steamer, à Kengola (550 kilomètres), par rail, à Kasongo (100 kilomètres), par steamer, à Ponthierville (530 kilomètres), par rail, à Stanleyville (100 kilomètres), par steamer, au Pool (1.650 kilomètres), par rail, à Matadi (400 kilomètres), par steamer à Banane et de là en Europe et, ajoute fièrement un organe colonial belge : « Ainsi se trouvera réalisé par l'Etat du Congo, le rêve de Cecil Rhodes ; le transafricain ». En vérité, on se demande quelle aberration engendre de pareilles utopies ? Quelle est la marchandise qui supporterait un voyage de 3.500 kilomètres, avec une dizaine de transbordements ! Les précieuses cendres de l'immortel Rhodes elles-mêmes ne supporteraient pas un fret pareil.

Les critiques que nous portons en France sur le Congo belge, sont toujours suspectes de partialité, notre propre Congo n'est pas en si florissant état pour qu'on ne puisse nous soupçonner de mettre quelque dépit dans nos jugements, mais en vérité, le système belge qui est l'apothéose du monopole, par conséquent de l'arbitraire, dont la répercussion sur la politique indigène a été trop universellement flétrie pour que nous ayons à en parler ici, et dont l'œuvre économique consiste en une exploitation hâtive, mais superficielle, car il faut avant tout servir des dividendes, aboutit à écumer le pays au lieu de le mettre en valeur, n'est pas pour nous séduire.

IV

Portugal.

Ce sont des lambeaux seulement qui demeurent de ce qui aurait pu devenir une Afrique portugaise et qui le fût peut-être devenu, si le Gouvernement de Lisbonne eût mieux soutenu quelques-uns de ses plus vaillants nationaux ou eût simplement manifesté le désir d'être soutenu par l'Europe, dans la défense de ses intérêts. Depuis si longtemps, le Portugal suivait si aveuglément la politique anglaise qu'on avait quelque peine à se persuader qu'il considérait un dépouillement au profit de la Grande-Bretagne comme une véritable spoliation.

Le Portugal n'avait, en Afrique, que des droits historiques ; ces droits étaient si fragiles qu'on les ranima par quelques explorations. Mais quand il apparut que malgré les efforts d'un

Serpa Pinto, la jonction du Mozambique et de l'Angola serait impossible, l'effort, qu'un tardif patriotisme avait suscité, fut arrêté à nouveau ; l'outillage économique fut retardé. Dans ces vastes colonies dont la métropole se désintéressait, on accorda de trop nombreuses, de trop faciles concessions aux étrangers. Non seulement cette libéralité est inquiétante pour le domaine de la colonie et menaçante pour la souveraineté du Portugal lui-même, mais encore les entreprises concédées sont si insuffisamment étudiées qu'on se demande ce dont il faut le plus s'étonner, de l'audace effrontée du concessionnaire qui osa demander ou de l'indifférence coupable du concédant qui n'hésita pas à accorder.

La plus ancienne des voies portugaises est le Loanda-Ambaca ; elle fut concédée en 1886, à l'époque où les Brazza et les Stanley conquéraient des mondes, l'un pour sa patrie et l'autre pour son patron, au lendemain des stipulations du traité de Berlin qui avait solennellement condamné la thèse des droits historiques et tendait à faire, sinon de la mise en valeur, en tous cas de l'occupation effective du pays, le seul titre de propriété coloniale opposable aux tiers. Ce fut alors que le Portugal déploya quelque activité, une compagnie qui portait le titre grandiose de « Companhia Real dos Caminhos de Ferro a travez d'Africa » reçut mission de relier par le rail l'Angola au Mozambique. Les travaux furent commencés en 1888, poussés assez vivement puisqu'en 1894 le rail atteignait Ambaca (363 kilomètres), mais comme il était dès lors certain que le but poursuivi ne pourrait jamais être réalisé, on préféra l'abandonner. La voie de 1m,05 avait bien rencontré quelques difficultés techniques assez grosses, mais le gaspillage avait dû être effréné pour qu'on eut pu dépenser en moyenne 360.000 francs au kilomètre, de beaucoup le prix le plus élevé dépensé en Afrique. Il est aisé de comprendre que dans ces conditions la compagnie concessionnaire ait abandonné la construction d'un tronçon de 150 kilomètres d'Ambaca à Malandja. Les risques courus étaient cependant bien atténués par les garanties octroyées par l'Etat portugais.

Tout comme pour notre Dakar Saint-Louis, l'Etat assurait à la Compagnie une double garantie. D'abord le Portugal garantissait 6 0/0 au capital de construction, puis il garantissait un revenu kilométrique minimum de 6.666 francs à l'exploitation. Bien entendu, le chemin de fer n'a jamais pu couvrir ses frais et, aujourd'hui encore, le déficit est de 50 0/0 environ. Si à cette ligne de Loanda-Ambaca nous ajoutons le petit tronçon Benguella-Catumbela (23 kilomètres), nous aurons étudié les entreprises véritablement portugaises en Afrique. Sur le versant oriental, en effet, du continent, les voies ferrées aboutissent bien dans des ports portugais, mais construits avec des capitaux étrangers, sous la direction d'étrangers, le rôle du Portugal s'est le plus souvent borné à accorder de vastes concessions. Ainsi la ligne, de Lourenço-Marquez à la frontière du Transvaal, ainsi la Beïra Umtali qui se raccorde aux voies de la Rhodesia et en faveur de laquelle le Portugal consentait même un abandon partiel de ses recettes douanières, ainsi encore pour la voie qui ne tardera pas à doubler le Chire.

En ces dernières années on s'est montré plus généreux encore. L'ingénieur anglais Williams a obtenu la concession d'une ligne de 1.400 kilomètres pour mener le rail de Benguella au Katanga et non seulement cette concession lui abandonne, suivant le système dit américain, des parcelles le long de la voie, mais, bien plus, le concessionnaire a le monopole d'exploitation des mines situées à 200 kilomètres à droite et à gauche de la voie. Une compagnie au capital de cinquante millions a commencé immédiatement les travaux (1903). Et déjà nous avons eu l'occasion de parler du projet de Port Alexandre-Prétoria. La compagnie concessionnaire a été si largement pourvue qu'on peut dire avec quelque exactitude que le rail traverse constamment ses propres domaines.

Ces formidables concessions à des compagnies qui très souvent n'ont pas un capital suffisant pour les mettre en valeur, sont de véritables démembrements de la souveraineté. Avec un pouvoir central suffisamment riche et fort pour en inspirer aux monopoleurs et les menacer éventuellement du rachat, elles sont déjà excessives. Mais quelle action le Portugal peut-il avoir sur les étrangers qui sont pour lui de si redoutables voisins et où trouver les millions pour racheter les droits? Ce n'est pas seulement le développement économique de ses colonies que le Portugal compromet par ces imprudentes concessions, mais aussi sa traditionnelle réputation de puissance coloniale.

VII

LE SUD-OUEST AFRICAIN ALLEMAND

La révolte des Herreros, les envois de troupes allemandes contre les rebelles ont attiré l'attention sur les méthodes colonisatrices de nos rivaux.

Lorsque, vers 1880, les puissances coloniales furent prises de la fièvre africaine, l'Allemagne fut la plus ardente à teinter de ses couleurs les cartes du continent noir. Exagérément dominée par la hantise de la superficie beaucoup plus que par le souci de la colonisation, elle occupa le Togo, ce cul-de-sac qu'écrasera notre Dahomey, le Cameroun dont la plus riche partie est tributaire de la Bénoué anglaise et ce bloc massif de l'Afrique Orientale que les plus coûteuses expériences n'ont pu éveiller à la vie et qui laisse nonchalamment suinter ses richesses par le Congo belge.

Mais de toutes ces non-valeurs corsetées dans les limites arbitraires des traités et où l'empire gaspille avec persévérance une vingtaine de millions chaque année, la plus colossale est sans contredit ce Sud-Ouest qu'une insurrection plus tapageuse qu'inquiétante met aujourd'hui à l'ordre du jour.

Qu'on imagine un pays plus grand que la France, borné au Sud et à l'Est par des déserts, confondu au Nord dans la barbarie de l'Angola portugais, barré à l'Ouest par la plus infranchissable des murailles, la côte africaine où s'ouvre pour toute issue l'inhospitalière rade de Swakopmund.

Il y a dans tout le pays moins de 500.000 habitants.

Ce Sud-Ouest est bien la plus sentimentale des colonies allemandes.

Le Togo et le Cameroun, les meilleures parties du lot africain, ne sont pas très populaires ; on les a achetés. L'Afrique orientale n'a guère suscité de sympathie ; on la tenait en effet de la générosité anglaise et de lamentables fiascos l'illustrèrent.

Mais le Sud-Ouest fut presque conquis ! Il y a dans son passé de la gloire militaire et sur son avenir la race a fondé de belles espérances.

Un négociant, M. Luderitz, de Brême, avait été molesté par les indigènes. Chatouilleuse, l'opinion publique allemande réclama une réparation et la jeune flotte de l'Empire, qui jamais n'avait fait de si longs voyages fit une démonstration devant quelques chefs nègres ahuris.

M. de Bismark, entraîné d'abord malgré lui dans cette assez sotte aventure, le prit plus tard de très haut lorsque l'Angleterre sembla manifester quelque mauvais vouloir.

Sans doute pour lui comme pour presque tous les Allemands, le Sud-Ouest représentait l'idéal déversoir ouvert aux excédents de population de l'Empire.

Au crève-cœur de voir chaque année des milliers d'émigrants abdiquer aux Etats-Unis pour la mentalité yankee celle de la race, l'Allemagne opposait le rêve d'une réserve germanique puissante dans un pays sain où ne s'altérerait pas son génie.

Le Sud-Ouest semblait à ce point de vue l'idéal.

*
* *

L'Allemagne a poursuivi au Sud-Ouest un double but : d'abord, assurer les communications de la côte avec le noyau habitable de la colonie, puis assurer la mise en valeur du plateau central en encourageant le peuplement.

Pour réaliser le premier article de ce programme on imagina une révolte d'indigènes et il semble bien que la trop réelle insurrection d'aujourd'hui soit la conséquence de l'exécution du second.

L'histoire du chemin de fer Swakopmund-Windhoeck vaut qu'on la conte, ne fut-ce que pour nous montrer que nous n'avons pas le monopole des entreprises malheureuses en matière de voies ferrées coloniales.

En 1897, le ministre Von Richthofen, sans solliciter préalablement l'autorisation du parlement, envoya à Swakopmund une section de sapeurs du génie, avec mission de construire une ligne de chemin de fer de Swakopmund à Windhoeck. Interpellé à ce sujet, il répondit avec une belle désinvolture qu'il s'agissait d'une mesure de sécurité urgente, que la belliqueuse tribu des Herreros menaçait Windhoeck et qu'il fallait être en état de débloquer cette ville dès qu'elle serait assiégée. A en croire d'ailleurs M. Von Richthofen, cette voie qui ne devait avoir que 0^{m},60 de large, serait construite en quelques mois et ne coûterait que quelques millions.

Les assemblées sont dociles à ceux qui leur parlent avec assurance et il ne se trouva personne pour, faire remarquer au ministre, que ses sapeurs mêmes ne pouvaient, en quelques mois, construire 400 kilomètres de rail, à raison de 10.000 fr. le kilomètre. C'est en 1902 seulement que la ligne Swakopmund-Windhoeck a été inaugurée, elle revenait alors à plus de 20 millions. Heureusement que les Herreros ont attendu pour se soulever que le travail fût achevé.

Construit sans études préalables, avec le constant souci du bon marché et sous la direction d'officiers plus aptes à improviser des travaux de fortune qu'à entreprendre des ouvrages durables, ce chemin de fer est aujourd'hui dans un pitoyable état; parfois il doit traverser des lits de rivières, d'autres fois se heurter à certaines montées où le train, bien modeste cependant, puisqu'il n'a que cinq wagons, doit en laisser quatre au bas de la côte pour les venir chercher un par un.

A première vue, il semble que les essais de peuplement aient donné de meilleurs résultats, mais un examen plus attentif révèle bientôt que le succès obtenu est tout de façade. Il est vrai qu'un assez notable courant d'émigration s'est établi entre la métropole et la colonie, mais de même que les Allemands des Etats-Unis acquièrent en quelques années la neutralité yankee, de même leurs frères du Sud-Ouest africain manifestent une inquiétante sympathie pour les institutions libres des colonies anglaises voisines.

Tout ce monde de fermiers, miséreux dans leurs plaines natales, a acquis la notion de ses droits en acquérant de vastes domaines, des immigrés venus du Cap ou des anciennes républiques ont parfait leur éducation politique ; les colons vivent en mésintelligence avec l'administration maladroite et paperassière. Au lieu de se constituer de dociles réserves, l'Empire a créé au Sud-Ouest un véritable guêpier.

Aujourd'hui, la situation de la colonie est des plus difficiles. Ses budgets se soldent par des déficits de 5 à 6 millions. Les produits de l'intérieur ne peuvent supporter un transport de 400 kilomètres sur une voie défectueuse, les éleveurs sont ruinés par la peste bovine que le sérum de Kock n'a pas enrayée.

La fièvre minière est venue compliquer encore la situation. Il souffle sur toute l'Afrique australe un vent de spéculation et dans les plateaux steppeux du Sud-Ouest, à plusieurs centaines de kilomètres de la mer, on agite de gigantesques projets de mines inépuisables que de nouveaux transafricains relieraient à des ports à créer.

L'insurrection actuelle n'est qu'un des symptômes de cette situation malaisée.

Les Herreros se sont-ils soulevés pour se venger des exactions des colons ou des injustices de l'administration ; les deux hypothèses sont possibles. Cependant il est probable qu'avec la sûre devination qu'ont les primitifs ils ont senti le malaise dans la colonie et ont cru le moment favorable pour tenter de regagner leur indépendance.

Il n'est guère à craindre qu'ils forcent les villes. Leurs exploits se borneront sans doute à des assassinats d'Européens isolés. Mais le vrai remède ne réside pas dans l'envoi de troupes portées aux représailles cruelles. Il faudrait organiser dans le Sud-Ouest une administration plus libérale, exclure les militaires dont on connaît en Allemagne l'esprit de caste, faire aux colons une large part dans la direction des affaires et surtout réagir énergiquement contre la spéculation en n'accordant de concessions qu'à ceux qui disposent de capitaux réalisés, suffisants pour commencer la mise en valeur.

L'avenir nous apprendra si l'Allemagne entend réagir contre les procédés dont elle expérimente aujourd'hui le néant.

VIII

L'AUTONOMIE COLONIALE

Comme conclusion à ce volume, il nous sera permis de reproduire un discours prononcé à la Chambre des députés à l'occasion de la discussion du Budget de 1904.

Les idées que nous avons développées à la tribune constituent la profession de foi à laquelle nos travaux nous ont conduit ; tous nos efforts tendront à ce qu'ils constituent un jour le programme colonial du pays.

*
* *

Séance du 16 novembre 1903.

M. le Président : La parole est à M. Lucien Hubert.

M. LUCIEN HUBERT. — La Chambre me permettra de retarder de quelques instants la discussion des chapitres du budget des colonies. J'ai estimé, en effet, que le remarquable rapport de mon ami Dubief contenait assez d'idées nouvelles, tout au moins assez d'idées qu'il a fait passer dans le domaine d'une réalisation presque prochaine, pour synthétiser en quelque sorte une bonne partie du programme du jeune parti colonial et qu'il était bon dès lors de le souligner à cette tribune.

Messieurs, je ne ferai pas une fois de plus ici l'historique de ces dernières années d'expansion coloniale. Notre empire, vingt fois grand comme la France, peuplé comme elle, et dont le commerce dépasse actuellement 800 millions, est en presque totalité l'œuvre de la troisième République. On a pu dire quelquefois que la politique du hasard avait présidé à son développement et que notre admirable ressaut de vitalité, au lendemain de la tragédie de 1870, était d'ordre purement impulsif. Je ne le crois pas. Le hasard, à notre époque de positivisme éclairé, est une explication d'impuissant.

Peut-être, à certaines heures de découragement ou d'exaltation vers le but continental que nous n'oublions pas (*Applaudissements*), le peuple a-t-il pu laisser s'obscurcir la notion de la plus grande France. Peut-être a-t-il pu, isolé à son foyer désert et triste, refuser de se mêler au mouvement d'expansion qui entraînait toute l'Europe. N'importe! Des hommes veillaient qui, martyrs hier, statufiés et louangés aujourd'hui, assuraient la continuité de notre œuvre et de notre expansion au dehors. Leurs rêves, aujourd'hui, sont déjà des buts presque atteints. En 1867, c'est Faidherbe qui s'écrie : « Gagnons le Niger! » Plus tard c'est Ferry qui nous conjure de marcher vers la Chine.

Et voici qu'ici comme là leurs espoirs se réalisent. Voici qu'en Afrique occidentale, grâce à l'initiative réfléchie et méthodique du très remarquable gouverneur général qu'est M. Roume, nous allons pénétrer au Niger par quatre voies différentes : le Dahomey, la Côte d'Ivoire, la Guinée et le Soudan. Voici que l'Indo-Chine, unifiée par la ténacité ardente et travailleuse de Doumer, outillée par lui, nous ouvre enfin l'accès tant convoité de l'empire du Milieu. Voilà en effet que la première locomotive va siffler à Yunnan-Sen, et qu'elle sera une locomotive française.

Messieurs, il ne faudrait pas croire pour cela que les colonies dont je viens de vous entretenir ne sont que des chemins plus ou moins larges vers des buts que nous allons conquérir ; il faudrait n'avoir pas fixé son attention sur le développement vraiment prodigieux qu'elles ont pris depuis quelques années.

Si nous considerons, par exemple, le budget de l'Afrique occidentale française, nous remarquons que parmi les colonies qui la composent, le Sénégal, qui, en 1894, avait un budget de 3.807.231 fr., a aujourd'hui un budget de 5.204.949 fr. La Guinée passe de 547.500 fr. à 8.298.000 fr. ; la Côte d'Ivoire, de 910.000 fr. à 2.585.600 fr. ; le Dahomey, de 1.600.000 fr. en 1895 à 3.766.577 fr. en 1903. Et malgré cela, notre colonie de l'Afrique occidentale a pu encaisser en réserve près de 6 millions et demi.

En Indo-Chine, la marche a été aussi brillante. L'Indo-Chine avait, en 1894, un budget de 18 millions; il se chiffre aujourd'hui par 43 millions, et sa réserve est de 7.889.104 francs. N'est-ce pas là des résultats tout à l'honneur de notre méthode de colonisation et aussi à l'honneur de nos gouverneurs? (*Très bien! très bien!*)

Messieurs, on a pu dire que notre empire colonial était admirable, mais ce qu'on n'a pas dit, ou plutôt ce qu'on n'a pas fait assez remarquer jusqu'ici — et mon ami Dubief l'a bien souligné dans son rapport — c'est que cet empire énorme a été conquis sans armée spéciale, organisé sans administrateurs de choix comme ceux d'aujourd'hui, dirigé sans direction spéciale, puisque le ministère des colonies, incessamment ballotté entre le commerce et la marine, ne fut longtemps qu'une sorte de direction dont les différents ministères s'occupaient lorsqu'ils en avaient le loisir.

Cet empire, aujourd'hui constitué, qu'allons-nous en faire ?

Nous avons certes notre idéal comme les nations voisines ont le leur. M. Chamberlain, sous une forme bien britannique et quelque peu orgueilleuse, disait récemment : « Il n'y a rien dont l'Angleterre ait besoin que ses colonies ne puissent lui fournir, et rien que l'Angleterre vende qu'elles ne puissent lui acheter ».

Je ne crois pas, Messieurs, que nous puissions prétendre à réaliser une pareille formule ; mais j'interroge aussi l'opinion d'une autre rivale, et me tournant vers l'Allemagne, je me souviens qu'en 1900 l'empereur Guillaume s'écriait : « L'empire allemand est un empire mondial ».

Eh bien! Messieurs, je crois fermement cette fois que nous pouvons reprendre tout au moins cette formule, et déclarer, nous aussi, devant les superbes résultats acquis : « La République française est une république mondiale ».

Comment allons-nous mettre en valeur ces immenses territoires que la République nous a donnés? Quelle théorie allons-nous appliquer, quels principes allons-nous choisir? Permettez-moi de déclarer à cette tribune que mes préférences vont évidemment au système de l'autonomie, au système de l'autonomie la plus large, de l'autonomie qui, contrôlée cependant par le pouvoir supérieur, laisse à chaque colonie l'initiative la plus féconde, la plus large. Il n'y a, au surplus, qu'à jeter les regards sur l'œuvre que nous avons déjà accomplie dans ce sens pour apprécier les résultats du système. L'Algérie, qui nous coûtait bon an mal an 10 ou 12 millions, équilibre aujourd'hui ses budgets par des excédents depuis que les décrets de 1898 et la loi de 1900 lui ont donné l'autonomie budgétaire. L'Indo-Chine, qui soldait toujours ses budgets en déficit d'une vingtaine de millions, nous verse aujourd'hui près de 13 millions pour solder une partie des dépenses militaires, et enfin les colonies de l'Afrique occidentale française où, dès le début, nous avons appliqué le système de l'autonomie la plus large, ne nous ont jamais demandé un sou de subvention. Ceci semblerait donc concluant.

On a bien dit que l'autonomie pouvait devenir un danger, qu'elle pouvait mener au séparatisme ; je ne le crois pas, tout au moins pour nos colonies nouvelles. Au contraire, sans vouloir instituer une discussion trop longue sur cette théorie, je dirai que l'histoire nous a précisément appris que les révoltes les plus terribles et les déchirements les plus douloureux s'étaient toujours produits dans les colonies où la centralisation était la plus mesquine, la plus tracassière et la plus tyrannique. (*C'est vrai! très bien !*)

Cette autonomie, aucune puissance plus que l'Angleterre n'en a su tirer les meilleurs effets. Elle a été chez nos voisins la mère du crédit, à ce point que les colonies anglaises n'ont pas trouvé à Londres moins de 9 milliards à emprunter ; et les Anglais ne se font pas faute de remarquer que les 300 ou 400 millions de revenu que leur rapportent ces emprunts constituent évidemment des produits coloniaux extrêmement faciles à récolter. (*Applaudissements.*)

Messieurs, on a bien souvent parlé ici de l'Angleterre. On a donné des chiffres qu'il serait bon de rectifier en passant. On vous a dit : « Nous dépensons des sommes fantastiques, alors que l'Angleterre ne dépense presque rien ».

Cela tient à ce qu'on a simplement pris sans doute le budget métropolitain colonial anglais.

On a pu vous dire alors qu'il se chiffrait par 2 millions et demi — ce qui est vrai — et qu'en y ajoutant 13 à 15 millions de subventions on arriverait à un chiffre d'une vingtaine de millions. C'est exact ; mais ce qu'on a oublié de vous dire, c'est que pour chiffrer le véritable budget colonial anglais, il faudrait fouiller bien d'autres budgets que celui des colonies. Il faudrait, en même temps qu'on nous apporte ce budget proprement dit des colonies, nous dire par exemple que, lorsque les Anglais ont accompli ce prodige de patience, de ténacité, qui s'appelle le chemin de fer de l'Ouganda, ils ont demandé à la métropole 150 millions en quatre ans, et que cependant au budget colonial anglais vous ne trouvez pas trace de ces 150 millions, parce qu'ils figurent au budget des affaires étrangères ; il faudrait, si on voulait donner ici le chiffre exact des sommes que dépense l'Angleterre pour ses colonies, ajouter au budget colonial proprement dit le budget des affaires étrangères, le budget de la guerre et celui de la marine.

M. Louis Brunet. — C'est très juste.

M. Lucien Hubert. — Ceci établi, je dois cependant reconnaître que le système d'autonomie a donné à l'Angleterre des résultats surprenants. Les budgets locaux des colonies anglaises, totalisées, s'élèvent à la somme de 1 milliard et demi, et, je le répète, elles n'ont pas trouvé moins de 9 milliards de crédit dans la métropole, — et encore l'Inde à part.

J'ai dit tout à l'heure que je n'entendais pas, par l'autonomie, créer l'isolement ni le particularisme, et voilà pourquoi, en tête et au-dessus de cette réforme, je placerai l'institution du contrôle, non pas le contrôle tel qu'il existe, mais un contrôle à trois modalités : d'abord spécial et précis, s'exerçant à l'occasion de faits donnés, ensuite conservateur, c'est-à-dire maintenant l'harmonie générale des principes, enfin centralisateur : assurant les relations des colonies entre elles et avec la France et l'étranger.

A ce propos, je suis loin d'être partisan de ces contrôles permanents que nous avons institués dans certaines colonies et où le contrôleur, pour parvenir jusqu'à son ministre, doit passer par le contrôlé, qui s'appelle le gouverneur. Je crois que plus de mobilité donnerait au contrôle plus d'efficacité, et voilà pourquoi, en vous disant que je désirerais placer au sommet de cette autonomie le contrôle, ce n'est précisément pas le contrôle que nous connaissons, celui qui fonctionne aujourd'hui, mais un contrôle très développé, dont le détail risquerait de donner à mon rapide exposé une ampleur trop considérable.

Enfin, au-dessus de cette autonomie de nos colonies, je conçois l'autonomie du ministère lui-même, du ministère pourvu de tous ses organes : corps d'ingénieurs et surtout armée coloniale.

Messieurs, ce n'est pas le moment d'instituer sur le rattachement de l'armée coloniale au ministère des colonies, une longue discussion qui viendra à son heure, et, je l'espère, sous peu.

Vous me permettrez cependant de me reporter à trois années en arrière, alors que, pour la première fois, lors de la discussion sur la création de l'armée coloniale, j'avais l'honneur de vous proposer le rattachement de cette armée coloniale au ministère des colonies. Je me souviens encore des sourires qui accueillirent ici l'énoncé de ma proposition, qui parut sans doute trop hardie ou, en tout cas, trop hâtive. Même, un de nos plus aimables collègues m'interrompit, disant : « Pourquoi ne demandez-vous pas le rattachement au ministère de l'agriculture ? »

Messieurs, c'est là un souvenir déjà lointain dans la vie politique. J'éprouve cependant quelque plaisir à le rappeler et à constater que l'idée n'était pas si irréalisable, puisqu'aujourd'hui c'est la commission du budget, organe de la Chambre, qui la reprend à son compte et la fait passer dans le domaine de la presque réalisation.

M. le Président de la commission du budget. — C'est le rapporteur du budget des colonies !

M. Lucien Hubert. — Sans doute, mais n'est-ce

pas déjà beaucoup que le rapporteur du budget des colonies l'ait introduite dans son rapport, et n'a-t-il donc pas obtenu l'approbation de la commission du budget? (*Applaudissements.*)

M. le Président. — C'est l'autonomie des rapporteurs. (*On rit.*)

M. Fernand Dubief, *rapporteur.* — J'accepte l'entière responsabilité de ce que j'ai dit dans mon rapport.

M. Lucien Hubert. — Et vous avez grandement raison, car cette idée a pour elle le bon sens qui triomphe toujours; c'est elle qui, tout récemment — il y a un an — amenait notre collègue M. Bienvenu Martin, alors rapporteur très remarqué du budget des colonies — et qui n'est pas, que je sache, un partisan fougueux du rattachement aux colonies — à écrire les lignes suivantes :

« Le ministre des colonies, ordonnateur des crédits militaires inscrits à son budget, n'a plus d'autorité sur les agents sous-ordonnateurs de ces mêmes crédits. C'est lui qui est responsable de leur emploi devant le Parlement, mais il ne peut donner des ordres au personnel chargé de les administrer. »

Et M. Bienvenu Martin ajoutait cette phrase que je vous recommande :

« Il n'y a pas, dans notre législation, d'autre exemple d'une situation aussi anormale. »

Messieurs, j'ai préféré, quitte pour l'instant à ne choisir qu'un seul argument, prendre celui-là, parce que les arguments purement militaires retrouveront leur place lors de la discussion de la loi de deux ans, mais surtout parce que celui-ci émane d'un de nos collègues qui n'est pas, je le répète, partisan du rattachement au ministère des colonies.

Je n'ai pas besoin de vous dire, après cet exposé, que la plupart des idées émises dans le rapport de M. Dubief ont trouvé en moi un partisan résolu.

En particulier, je me joins bien volontiers à lui lorsqu'il parle de cette exagération qu'ont prise au ministère des colonies certains services au détriment d'autres, exagération qui disparaîtrait fatalement si le principe d'autonomie tant réclamé était appliqué à toutes les colonies avec toute la souplesse et surtout avec toute la largeur de vues désirables.

M. Dubief a parlé au chapitre 1er du développement exagéré du service du personnel.

Mais ce service n'est pas le seul. Alors qu'à la deuxième direction, par exemple, qui s'occupe des affaires politiques et administratives de l'Asie, de l'Amérique et de l'Océanie et qui, par conséquent, est une direction politique, on compte un directeur, deux chefs de bureau, deux sous-chefs, sept rédacteurs, un expéditionnaire et un auxiliaire, soit en tout quatorze agents, au service de la comptabilité, nous trouvons un directeur, deux sous-directeurs, un chef de bureau, trois sous-chefs, six rédacteurs, treize expéditionnaires, quatorze auxiliaires, trois commissaires, sept commis du commissariat, un ingénieur en chef de la marine, un capitaine d'artillerie, deux agents comptables, quatre magasiniers, soit 58 agents! Or — le détail est piquant — le bureau militaire du ministère des colonies, qui a à administrer une bonne part des 91 millions de dépenses militaires, se contente de six officiers pour accomplir sa besogne (*Très bien! très bien!*)

Voilà un peu pourquoi je tiens tant au principe d'autonomie dont je parlais tout à l'heure et qui permettra à chaque grande colonie d'avoir en France, comme les colonies de self-gouvernement en Angleterre, une agence, c'est-à-dire un représentant payé par elle, chargé de tous les services qui l'intéressent directement.

Avec cette autonomie, nous pourrons arriver, un jour ou l'autre — le plus prochain sera le meilleur — à déblayer le ministère des colonies de tous ces organismes exagérés qui ont fini par prendre la place des organismes véritablement utiles.

M. Dubief a fait une étude très pénétrante, très aiguisée de la question des subventions.

Je laisse de côté les vieilles colonies — d'autres orateurs vous en parleront — pour faire remarquer avec quelque orgueil que pas une de nos jeunes colonies, c'est-à-dire de celles que nous a données la République et auxquelles nous avons appliqué le système de l'autonomie, ne nous demande de crédits.

Voici d'abord l'Indo-Chine qui, au contraire, nous verse 13 millions de contingent par an ; c'est ensuite l'Afrique occidentale qui nous donne 100.000 fr. Et permettez-moi de vous dire que si l'Afrique occidentale ne nous paye que 100.000 fr., c'est parce qu'elle a entrepris aujourd'hui une tâche considérable et digne d'éloges, c'est parce qu'elle a engagé ses fonds et ses capitaux dans l'œuvre qui est la réalisation du programme traditionnel et qui sera demain un fait accompli.

Et j'éprouve encore quelque orgueil à comparer au notre le rôle des autres puissances en Afrique.

Messieurs, nous avons deux grandes rivales : l'Allemagne et l'Angleterre. Il me sera permis de dire à cette tribune que l'empire dont on attendait tant, surtout en ce qui concerne les voies ferrées et dont, par avance, le monde colonial attentif admirait et applaudissait l'effort, a commis les pires erreurs, comme il a connu les désillusions les plus profondes : le chemin de fer de Swakopmund à Windhoek dans le sud-ouest africain allemand a été un gros mécompte ; celui du Togo n'a pas engendré une moindre déception. Enfin, le Dar-es-Salam n'est pas près d'être exécuté et le grand-central est toujours un rêve !

Au contraire, quand je me retourne du côté de l'Angleterre, je m'aperçois qu'elle a suivi une méthode sévère dans la création de ses voies ferrées. Elle a conçu d'abord les chemins de fer d'exploitation ; elle s'est demandée : « Cela payera-t-il ? » Partie sur cette donnée, elle a pu mener à bien ces belles tentatives économiques que sont le Freetown-Bô et le Lagos Ibadan.

Elle a aussi construit des chemins de fer stratégiques, et cette fois sans marchander ; elle a accompli dans l'Ouganda le plus admirable effort colonial peut-être que l'on puisse signaler au point de vue de la construction : elle a escaladé des pics de plus de 2.000 mètres ; sur 41 gares, elle en a 8 ou 10 sans eau dans lesquelles il a fallu amener des wagons-citernes, elle a amené 30,000 ouvriers qu'il a fallu organiser et nourrir, elle est enfin arrivée à établir le record de la construction en pays tropical et à construire son chemin de fer à raison de 14 kilomètres par mois.

Nous avions évidemment à nous inspirer de ces exemples et, plus près de nous, nous pouvions même nous servir d'exemple à nous-mêmes. Le temps n'est pas loin où le chemin de fer du Soudan était pour nous le plus désastreux échec que puisse connaître une nation constructrice. Le Kayes-Bamako dans l'ensemble nous a coûté au moins 150.000 fr. le kilomètre, et voici qu'aujourd'hui, loin de payer ce prix énorme, nous sommes au contraire la nation qui construit au meilleur marché possible.

Nos chemins de fer de la Guinée, du Dahomey nous ont coûté de 60.000 à 70.000 fr. le kilomètre; il n'y a pas une nation rivale qui puisse citer un chiffre aussi faible. (*Très bien! très bien!*)

Nous devons évidemment ce progrès aux échecs passés, mais nous le devons aussi à la sage précaution que nous avons eue d'abandonner cette méthode centralisatrice, coûteuse, lente et mal renseignée, pour charger les colonies de faire elles-mêmes leurs chemins de fer à leurs risques et périls et, dans tous les cas, pour leur dire que dorénavant elles n'auraient plus à compter sur nous et qu'elles devaient s'arranger elles-mêmes pour construire économiquement. Elles y sont arrivées, et je suis enchanté de voir qu'aujourd'hui les résultats ont couronné leurs efforts. (*Applaudissements sur un grand nombre de bancs*).

Permettez-moi, avant de terminer, de faire quelques réserves au sujet des grands travaux entrepris en Afrique occidentale. Je suis partisan de la pénétration, je suis partisan de la mise en valeur, mais je sais avant tout qu'il ne faut pas confondre l'exploration et la mise en valeur. L'explorateur, pour qui les buts nouveaux ne sont jamais que les bases d'un ravitaillement propice à une pénétration plus avancée, ne doit pas voir généraliser ses théories dont l'économiste doit se méfier.

Il faut, avant tout, se demander un peu, comme les Anglais, si « cela payera » et quelles recettes assurera un trafic sûr, de nature à couvrir les frais de construction. Mais si je crois que le rail peut devenir une menace, je pense, malgré tout, qu'il ne faut pas hésiter à s'en servir franchement et sans hésitation.

En particulier, puisque je vous ai parlé tout à l'heure du Kayes-Bamako, permettez-moi de dire que je crains un peu, pour ma part, ce que M. le gouverneur général Roume a appelé « le système mixte ».

Je crains bien que si l'on s'est forgé l'illusion que le Kayes-Bamako pourra être continué par le Sénégal et que les produits de l'intérieur pourront gagner la côte en suivant cette voie mixte, chemin de fer et fleuve, nous n'arrivions à un mécompte. C'est que le Sénégal, comme tous les fleuves tropicaux, est sujet à des crues, à des manques d'eau, et que la première base d'un commerce facile, réglé, c'est la continuité dans les services de transport, c'est-à-dire la possibilité de les utiliser en tout temps.

Je crois donc que les crédits que vous avez votés avec bienveillance pour l'Afrique occidentale devront être surtout employés à la construction de la voie ferrée, que la mise en œuvre des voies fluviales est par trop hypothétique pour être envisagée sérieusement et qu'il faudra plutôt résolument relier le Kayes-Bamako à la mer par la ligne projetée de Thiès à Kayes.

Cette ligne d'ailleurs sera productive. Nous avons en effet l'exemple du Dakar à Saint-Louis qui nous a coûté aussi très cher, mais qui a vu sa recette kilométrique, évaluée au début à 1.100 fr., monter à 12.000 fr. et qui a fécondé tout le pays qu'elle traverse, comme demain le chemin de fer qui reliera Thiès à Kayes fécondera les plaines immenses du Cayor. (*Très bien! très bien! sur un grand nombre de bancs.*)

D'ailleurs, Messieurs, je vois avec plaisir que le mouvement commercial a fini par se diriger vers ces contrées, où il trouvera son profit. De grandes associations, comme l'association cotonnière, sont venues donner des buts précis à nos enthousiasmes et déjà un de nos collègues me faisait voir ici il y a quelques jours des tissus du Dahomey qui, certes, me disait-il, ne le cèdent en rien aux meilleurs tissus fabriqués avec des produits étrangers. Remarquez, Messieurs, que les trois cents millions pour lesquels nous sommes tributaires de l'Amérique et de l'étranger en ce qui concerne l'achat du coton, seront tout aussi bien placés dans nos colonies. Dans tous les cas, il faut saluer ici toutes les initiatives quelles qu'elles soient, aussi bien individuelles que collectives, qui ont pour but d'assurer la grandeur du pays. (*Applaudissements.*)

Laissez-moi terminer, Messieurs, en vous disant que si parfois nous avons été sévères pour nos colonies, si nous n'avons pas toujours salué quand il le fallait l'œuvre qui s'accomplissait chez nous, nos voisins n'ont pas eu cette rigueur. (*Très bien ! très bien ! à gauche.*)

Voici un extrait d'un livre très remarquable du docteur Hans Meyer paru tout récemment en Allemagne et dont j'ai quelque fierté à lire un passage à la tribune de la Chambre française.

Hans Meyer dit en parlant de nos colonies de la côte d'Afrique :

« Leur administration se fait avec la plus stricte économie et sans luxe de fonctionnaires ;

les coûteuses expéditions militaires y sont inconnues. La politique suivie a donné les plus brillants résultats, elle peut être citée comme modèle tant aux colonies allemandes qu'anglaises de la côte. »

Et plus loin, citant l'opinion d'un voyageur anglais, il ajoute : « Certes, il y a lieu d'être confus de l'état où se trouve Sierra-Leone après un siècle d'occupation britannique, quand sa jeune concurrente a pris en dix ans un si merveilleux essor. En 1900, la Guinée française produisait pour 28.450 livres de plus que Sierra-Leone, les dépenses d'administration étaient inférieures de 39.772 livres à celles de sa voisine anglaise et elle consacrait 21.394 livres de plus aux travaux publics. » (*Applaudissements.*)

Messieurs, je termine sur ces éloges mérités. J'eusse voulu, comme ceux d'entre nous qui honorent cette tribune par leur talent, donner à l'idée qui m'anime la beauté de la forme et la force de la pensée ; je laisse ce soin aux éloquences aguerries et puissantes. L'effort colonial contient en lui la gloire pacifique de l'avenir ; il comporte désormais un idéal de justice, de paix et de civilisation. Animé du souffle nouveau et de la solidarité, dégagé des préjugés de race ou de couleur dont la poudre a trop souvent souligné l'injustice, il assurera, dans le nouveau siècle qui monte, en même temps que le salut économique, le triomphe du drapeau et de l'esprit républicains. (*Vifs applaudissements à gauche et sur divers bancs au centre. — L'orateur, en retournant à son banc, reçoit des félicitations.*)

(*Journal Officiel du 17 novembre 1903.*)

FIN

TABLE DES MATIÈRES

FIN DE LA TABLE

Saint-Amand (Cher). — Imprimerie BUSSIÈRE.

SAINT-AMAND (CHER). — IMPRIMERIE BUSSIÈRE

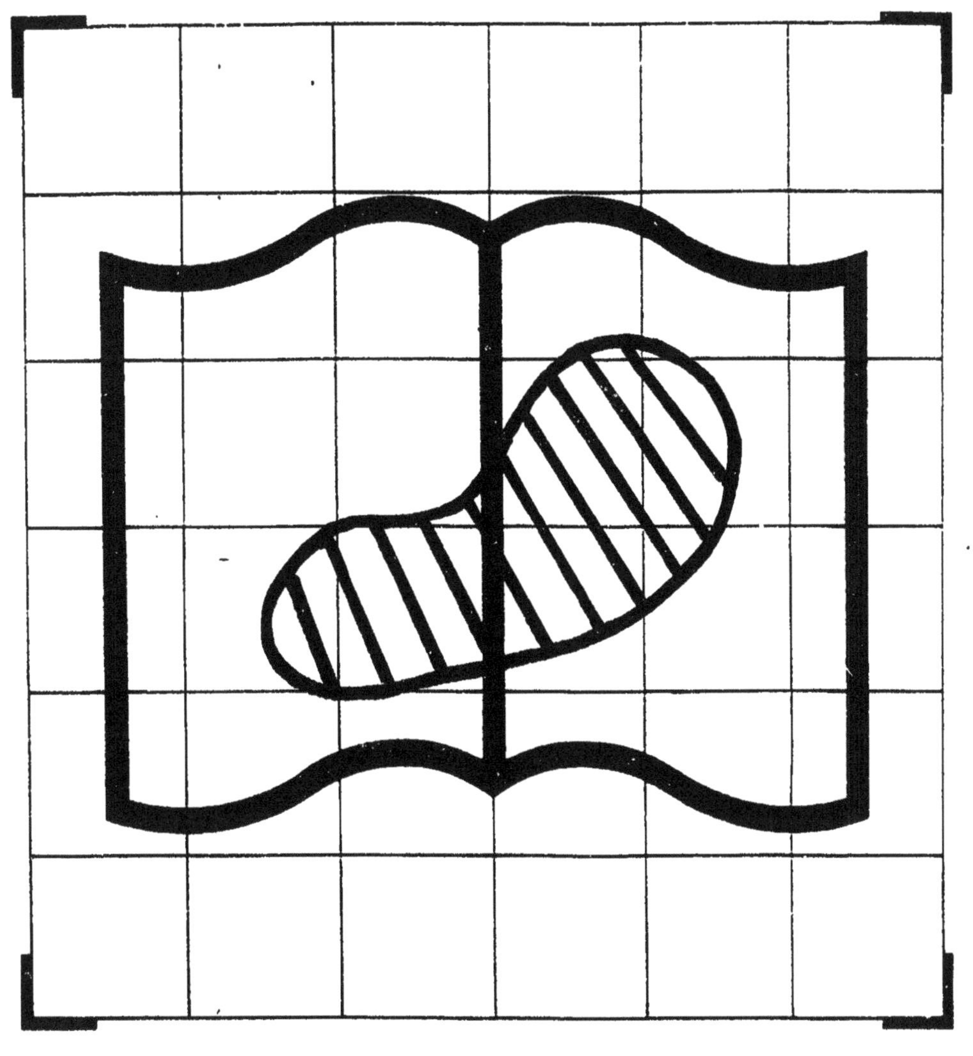

DUJARRIC et Cie, Éditeurs, Paris, 50, rue des Saints Pères

EXTRAIT DU CATALOGUE

BIBLIOTHÈQUE INTERNATIONALE

Becke (Louis). — **Scènes de la Vie Polynésienne**, traduit de l'Anglais par Henri Chateau. 1 vol . . . . 3 fr. 50

Carnegie (Andrew). — **La Grande-Bretagne jugée par un Américain**, traduit de l'Anglais, par Albert Savine. 1 volume . . . . 3 fr. 50

Castelnuovo (E). **Le Ménage Varedo**, traduit de l'Italien par Marius Hoche. 1 volume . . . . 3 fr. 50

Lynch (Georges). — **Corée, Chine et Mandchourie**, traduit de l'Anglais par G. Gilancy 1 vol . . . . 3 fr. 50

Orzeszko (Elise). — **Idylles Brisées**, traduit du Polonais par V Zabiello. 1 volume . . . . 3 fr. 50

Roosevelt (Président Th). — **La Vie au Rancho**, traduit de l'Anglais par Albert Savine. 1 volume . . . . 3 fr 50

— **Chasses et Parties de Chasse**, traduit de l'Anglais, par Albert Savine. 1 volume . . . . 3 fr 50

Sienkiewski (Venceslas). — **Yang-Hun-Tsy (Le diable étranger)**, traduit du Polonais, par B. Kozakiewicz 1 vol. 3 fr. 50

LES RELIGIONS DES PEUPLES CIVILISÉS

Henry (Victor. — **La Magie dans l'Inde Antique**. 1 volume . . . . 3 fr. 50

Houdas (O.). — **L'Islamisme**. 1 volume . . . . . . 3 fr. 50

Nicolas (A.-L.-M). — **Seyyèd-Ali-Mohammed, dit le Bâb** 1 volume . . . . 3 fr. 50

OUVRAGES DIVERS

Delage (Emile). — **Chez les Russes**. 1 vol . . . . . . 3 fr. 50

Donnet (Gaston). — **Japon et Corée**. 1 volume . . . . 3 fr. 50

Hess (Jean). — **La Question du Maroc**. volume. . . 3 fr. 50

Heudebert (Lucien). — **Promenades au Dahomey** 1 vol 3 fr. 50

Hubert (Lucien) — **Politique Africaine** 1 volume . 3 fr. 50

Le Barbier (Louis). — **La Vallée du Moyen-Niger et la Haute-Guinée**. 1 volume . . . . 3 fr. 50

— **Dans la Haute-Guinée** (15 ill. 1 vol . . . . 2 fr. 50

SAINT-AMAND (CHER) — IMPRIMERIE BUSSIÈRE

www.ingramcontent.com/pod-product-compliance
Ingram Content Group UK Ltd.
Pitfield, Milton Keynes, MK11 3LW, UK
UKHW020200250726
13967UKWH00003B/1186

9 782012 927698